Marcus Boer

Strategisches Beschaffungsmanagement in der Medizinbranche

Ergebnisse und Erkenntnisse anhand einer Fallstudie

Diplomica Verlag GmbH

Boer, Marcus: Strategisches Beschaffungsmanagement in der Medizinbranche:
Ergebnisse und Erkenntnisse anhand einer Fallstudie,
Hamburg, Diplomica Verlag GmbH 2013

Buch-ISBN: 978-3-8428-9484-6
PDF-eBook-ISBN: 978-3-8428-4484-1
Druck/Herstellung: Diplomica® Verlag GmbH, Hamburg, 2013

Bibliografische Information der Deutschen Nationalbibliothek:
Die Deutsche Nationalbibliothek verzeichnet diese Publikation in der Deutschen
Nationalbibliografie; detaillierte bibliografische Daten sind im Internet über
http://dnb.d-nb.de abrufbar.

Das Werk einschließlich aller seiner Teile ist urheberrechtlich geschützt. Jede Verwertung
außerhalb der Grenzen des Urheberrechtsgesetzes ist ohne Zustimmung des Verlages
unzulässig und strafbar. Dies gilt insbesondere für Vervielfältigungen, Übersetzungen,
Mikroverfilmungen und die Einspeicherung und Bearbeitung in elektronischen Systemen.

Die Wiedergabe von Gebrauchsnamen, Handelsnamen, Warenbezeichnungen usw. in
diesem Werk berechtigt auch ohne besondere Kennzeichnung nicht zu der Annahme,
dass solche Namen im Sinne der Warenzeichen- und Markenschutz-Gesetzgebung als frei
zu betrachten wären und daher von jedermann benutzt werden dürften.

Die Informationen in diesem Werk wurden mit Sorgfalt erarbeitet. Dennoch können
Fehler nicht vollständig ausgeschlossen werden und die Diplomica Verlag GmbH, die
Autoren oder Übersetzer übernehmen keine juristische Verantwortung oder irgendeine
Haftung für evtl. verbliebene fehlerhafte Angaben und deren Folgen.

Alle Rechte vorbehalten

© Diplomica Verlag GmbH
Hermannstal 119k, 22119 Hamburg
http://www.diplomica-verlag.de, Hamburg 2013
Printed in Germany

Inhalt

Abbildungsverzeichnis 7

Tabellenverzeichnis 9

Abkürzungsverzeichnis 10

1 Einleitung 13
   1.1 Einführung in die Thematik 13
   1.2 Zielsetzung und Vorgehensweise 14

2 Grundlagen der strategischen Beschaffung 17
   2.1 Begriff und Gegenstände der Beschaffung 17
   2.2 Management und strategisches Management 21
   2.3 Strategisches Beschaffungsmanagement 24

3 Rahmenbedingungen des Gesundheitswesens 31
   3.1 Entwicklung des Gesundheitswesens 31
   3.2 Akteure im Gesundheitssystem im Bezug zur Medizinindustrie 34
   3.3 Anforderungen des Marktes 35

4 Rahmenbedingungen des Krankenhauswesens 37
   4.1 Unternehmen Krankenhaus 37
      4.1.1 Struktur des deutschen Krankenhauswesens 39
      4.1.2 Trägerstruktur des Krankenhausmarktes 40
      4.1.3 Strategische Allianzen im Krankenhaussektor 42
   4.2 Finanzierung von Krankenhausleistungen 50
      4.2.1 Krankenhausfinanzierung bis zur Gesundheitsreform 2000 50
      4.2.2 Planung und Einführung eines DRG-basierten Entgeltsystems ab 2000 ... 55
         4.2.2.1 Diagnosis Related Groups 56
         4.2.2.2 Nutzen des neuen Systems 58
   4.3 Auswirkungen der DRG-Einführung in Deutschland 59
      4.3.1 Auswirkung auf die Organisation der Krankenhäuser 59
      4.3.2 Einfluss auf das Kaufverhalten 64

5 Erarbeitung eines strategischen Lösungskonzepts **67**

    5.1 Ausgangssituation der Konzeption 67

        5.1.1 Vergabeverfahren innerhalb des Krankenhauswesens aus Sicht der Anbieter... 67

        5.1.2 Die fünf Kräfte des Markfeldes 71

            5.1.2.1 Kraft 1: Substitute 71

            5.1.2.2 Kraft 2: Stärke des Käufers 71

            5.1.2.3 Kraft 3: Stärke der Lieferanten 72

            5.1.2.4 Kräfte 4 und 5: Existierende und zukünftige Wettbewerber 72

    5.2 Methodischer Lösungsansatz durch eine Nutzwertanalyse 73

        5.2.1 Ziel der Befragung durch eine Nutzwertanalyse: 74

        5.2.2 Durchführung der Nutzwertanalyse 77

        5.2.3 Auswertung 84

        5.2.4 Zielhierarchie 101

    5.3 Aufstellung eines Lösungskonzepts 104

    5.4 Beurteilung und Umsetzung des Lösungskonzepts 106

6 Schlussfolgerungen **109**

    6.1 Zusammenfassung 109

    6.2 Ausblick 110

Quellenverzeichnis **113**

Anhang 1 119

Anhang 2 120

Anhang 3 121

Anhang 4 122

Anhang 5 123

Abbildungsverzeichnis

Abbildung 1: Aufgaben der Beschaffung ... 19
Abbildung 2: Herausforderungen des strategischen Managements ... 22
Abbildung 3: Strategische Planung und strategisches Management ... 23
Abbildung 4: Verteilung der Sachkosten ... 28
Abbildung 5: Strategische Prinzipien der Beschaffung mit ‚eher hoher Bedeutung' ... 29
Abbildung 6: Entwicklung der Gesundheitsausgaben in Deutschland ... 32
Abbildung 7: Vereinfachte Darstellung von Akteuren und ihrer Beziehungen im Gesundheitswesen ... 34
Abbildung 8: Vereinfachte Darstellung des deutschen Krankenhausmarktes ... 39
Abbildung 9: Krankenhäuser nach Trägerschaft 2009 ... 41
Abbildung 10: Vorherrschende Verflechtungsformen von Unternehmen ... 42
Abbildung 11: Lebenszyklus einer strategischen Allianz ... 44
Abbildung 12: Strategische Allianzen im Krankenhauswesen ... 48
Abbildung 13: Phasen der Krankenhausfinanzierung ... 50
Abbildung 14: Prinzip der Monistik und Dualistik ... 52
Abbildung 15: Kosten und Entgelte bei tagesgleichen Pflegesätzen ... 54
Abbildung 16: Entgelt in Abhängigkeit von der Verweildauer ... 58
Abbildung 17: Entwicklung der Krankenhäuser und der Bettbelegung ... 60
Abbildung 18: Krankenhäuser nach der Trägerschaft 2003-2010 ... 61
Abbildung 19: Öffentliche Krankenhäuser nach der Rechtsform ... 62
Abbildung 20: Vergabeprozess innerhalb des Krankenhauswesens ... 68
Abbildung 21: Teilnahmeverlauf ... 76
Abbildung 22: Kriterienkatalog (blanko) ... 77
Abbildung 23: Auswertungsdatenblatt NWA Gesamt, Stand: Heute ... 86
Abbildung 24: Auswertungsdatenblatt NWA Gesamt, Stand: in bis zu 5 Jahren ... 87
Abbildung 25: Ø Gesamtgewichtung Hersteller ... 88
Abbildung 26: Ø Gesamtgewichtung Produkt ... 89
Abbildung 27: Ø Gesamtergebnis Hersteller ... 90
Abbildung 28: Ø Gesamtergebnis Produkt ... 90
Abbildung 29: Hersteller – Ergebnis Marke ... 91
Abbildung 30: Hersteller – Ergebnis Partnerschaft ... 92
Abbildung 31: Hersteller – Ergebnis Leistungen ... 93
Abbildung 32: Hersteller – Gewichtung Marke ... 93
Abbildung 33: Hersteller – Gewichtung Partnerschaft ... 94
Abbildung 34: Hersteller – Gewichtung Leistungen ... 94

Abbildung 35: Produkt – Ergebnis Hardware 95
Abbildung 36: Produkt – Ergebnis Software 95
Abbildung 37: Produkt – Ergebnis Kosten 96
Abbildung 38: Produkt – Ergebnis Sonstiges 97
Abbildung 39: Produkt – Gewichtung Hardware 98
Abbildung 40: Produkt – Gewichtung Software 98
Abbildung 41: Produkt – Gewichtung Kosten 99
Abbildung 42: Produkt – Gewichtung Sonstiges 99
Abbildung 43: Kundenspezifisches Ergebnis Hersteller 100
Abbildung 44: Kundenspezifisches Ergebnis Produkt 100
Abbildung 45: Zielbaum Hersteller 101
Abbildung 46: Zielbaum Produkt 102
Abbildung 47: Zeitliche Umsetzung Lösungskonzept 106

Tabellenverzeichnis

Tabelle 1: Beispiele von Zielen für verschiedene Zielobjekte 20
Tabelle 2: Strategische Zielkomplexe 26
Tabelle 3: Entwicklung der Sachkosten Beschaffung 27
Tabelle 4: Zielerreichungsgrade 83
Tabelle 5: Beispielrechnung Normierung 85

Abkürzungsverzeichnis

Abb.	Abbildung
Abs.	Absatz
bspw.	beispielswiese
BVMed	Bundesverband
bzw.	beziehungsweise
ca.	circa
CSI	Case-Mix-Index
DKI	Deutsches Krankenhaus Institut
DRG(s)	Diagnosis Related Group(s)
et al.	lat.: und andere
etc.	et cetera
EU	Europäische Union
EUR	Euro
EWG	Europäische Wirtschaftsgemeinschaft
f.	folgende
ff.	fortfolgende
f&w	Führen und Wirtschaften im Krankenhaus
GBE	Gesundheitsberichterstattung des Bundes
ggf.	gegebenenfalls
Hrsg.	Herausgeber
http	Hyper Texttransfer Protocol
InEK	Institut für das Entgeltsystem im Krankenhaus
KHEntG	Krankenhausentgeltgesetz
KHG	Krankenhausfinanzierungsgesetz
Mio.	Million
Mrd.	Milliarde
NWA	Nutzwertanalyse

SGB	Sozialgesetzbuch
s.	siehe
S.	Seite
Tab.	Tabelle
Td.	Tausend
UKGM	Universitätskliniken Gießen und Marburg
Vgl.	Vergleich
vs.	versus
www	World Wide Web

1 Einleitung

1.1 Einführung in die Thematik

Das deutsche Gesundheitswesen wurde im Laufe der Zeit durch viele Einflüsse nachhaltig geprägt. Zu dem entschiedensten Einschnitt zählt dabei der stetige Anstieg der Gesundheitsausgaben. Somit war es immer oberstes Ziel der Gesundheitspolitik diese Ausgaben zu begrenzen.[1] Um dieses Ziel erfolgreich zu erreichen, war es ein relevanter Schritt die Einnahmen der gesetzlichen Krankenversicherungen mit der gesamtwirtschaftlichen Entwicklung des Gesundheitssystems zu verbinden. Aufgrund dessen, dass die Mehrheit der deutschen Bevölkerung gesetzlich versichert ist, „bilden die stabilen Beitragssätze der gesetzlichen Krankenversicherungen das wesentliche Element der gegenwärtigen Gesundheitspolitik".[2] Gerade unter diesem Gesichtspunkt kam es in der Vergangenheit zu häufigen Reformen und Gesetzgebungen im Gesundheitswesen. Um neue Wirtschaftlichkeitspotenziale erschließen zu können, welche die Ausgaben reduzieren und eine Erhöhung der Beiträge verhindern sollen, ist die Politik durchaus gewillt, den Gesundheitssektor noch wettbewerbsorientierter auszurichten. Im besonderen Fokus der Reformgesetzgebung steht dabei der Krankenhaussektor. Dieser bildet bei den Krankenversicherungsunternehmen den größten Kostenblock.[3] Um dieser Entwicklung entgegenzuwirken, wurde 2003 das deutsche DRG-basierende Vergütungssystem eingeführt. Die Gesundheitsleistungen sollen zukünftig rein auf Basis von leistungsbezogenen und pauschalisierenden Fallgruppen (Diagnosis Related Groups -DRGs) finanziert werden. Für die Krankenhäuser bedeutet dies nichts anderes, als dass ihre erbrachten Leistungen durch neue vorher gesetzlich definierte Budgets und Preise bemessen werden. Die Einführung einer DRG-basierten Vergütung hat den stationären Versorgungsbereich vor neue Herausforderungen gestellt. Man rechnet damit, dass sich die Zahl der deutschen Krankenhäuser mindestens um ein Viertel bis 2015 reduzieren wird.[4]

Sowohl die Arbeitsinhalte, als auch die Arbeitsorganisation der Krankenhäuser hat sich grundlegend verändert. Dagegen hat das strategische Beschaffungsmanagement für die Krankenhäuser an Bedeutung gewonnen. Durch die zunehmende Regulierung der Finanzmittel sind die Krankenhäuser gezwungen, ihre Güter kostendeckend zu

---

[1] Vgl. Bracht, M. 2006, S.1
[2] Bracht, M. 2006, S.1
[3] Vgl. Statistisches Bundesamt, laut der Pressemitteilung Nr. 125 vom 05.04.2012 sind die Gesundheitsausgaben im Jahr 2010 auf bis zu 287 Mrd. EUR gestiegen. Den größten Kostenanteil trug dabei die gesetzliche Krankenversicherung mit 165,5 Mrd. EUR. Der größte Ausgabenträger sowohl bei der gesetzlichen, als auch bei den privaten Krankenversicherungen ist die Krankenhausträgerschaft mit einem Aufwand von 68.89 Mrd. EUR. -
https://www.destatis.de/DE/PresseService/Presse/Pressemitteilungen/2012/04/PD12_125_23611.html Stand: 08.04.2012
[4] Vgl. Bracht, M. 2006, S.2

beschaffen. Jedoch darf sich dies nicht auf Kosten der Qualität, der medizinischen Versorgung und der Patienten auswirken.[5][6]

Um dies zu gewährleisten, kommt hier die Rolle der Medizintechnikbranche zum Tragen. Diese Branche „hat in Deutschland eine lange und erfolgreiche Tradition. [Auch] heute ist sie [noch] eine Zukunftsbranche, die sich durch innovative Technologien, hohe Wachstumsraten und wesentliche Beiträge zu einer besseren medizinischen Versorgung der Bevölkerung auszeichnet."[7] Für die Medizintechnik ist die typische Kopplung von Produkten und Dienstleistungen gegenüber dem Krankenhaussektor charakterisierend. Dabei geht es sowohl zum einen um die direkte Beratung und den Verkauf medizinischer Produkte, zum anderen um Wartungs- und Sicherheitsleistungen dieser Waren. Somit zeigt sich, welchen Stellenwert die optimierte strategische Beschaffung von Medizinprodukten für das Krankenhaus hat.[8][9]

1.2 Zielsetzung und Vorgehensweise

Das Ziel dieser Studie ist es, ein strategisches Lösungskonzept für die Unternehmen der Medizintechnik zu entwickeln, welches darauf abzielt, die Bedürfnisse und Wünsche von Einkäufer und Anwender aus dem Krankenhaussektor in Zukunft noch besser bedienen und berücksichtigen zu können. Dabei soll grundsätzlich geklärt werden, welche strategischen Punkte für das Beschaffungsmanagement der Krankenhäuser zukünftig noch stärker in den Fokus rücken. Zusätzlich sollen mögliche Unterschiede der strategischen Ausrichtung zwischen den verschiedenen Krankenhausträgern erörtert werden. Ein weiterer Bestandteil dieser Arbeit ist die Fragestellung, welche Auswirkungen die Einführung des DRG-Vergütungssystems auf den Krankenhausmarkt hatte. Des Weiteren soll auch der Einfluss auf das Kaufverhalten und die Rolle des Kostendrucks betrachtet werden. Aus diesen grundlegenden Zielsetzungen lassen sich folgende Kernfragen der Untersuchung ableiten:

(1) Was bedeutet strategisches Beschaffungsmanagement?

(2) Welche beschaffungsspezifischen Anforderungen hat der Krankenhaussektor gegenüber der Medizintechnikindustrie? Inwieweit spielt das DRG-System eine Rolle?

---

[5] Vgl. Bartholomeyczik, S., Donath, E., Schmidt, S., Rieger, M-A. und Berger, E. 2008, S. 5
[6] Vgl. Bracht, M. 2006, S. 2f
[7] Bundesministerium für Bildung und Forschung - Studie zur Situation der Medizintechnik in Deutschland im internationalen Vergleich 2005, S.4
[8] Vgl. http://www.wirtschaftslexikon24.net/d/medizintechnik/medizintechnik.htm, Stand: 01.04.2012
[9] Vgl. Bundesverband Medizintechnologie (BVMed) - Branchenbericht Medizintechnologien 2012, S.11ff

(3) Welche Bestandteile lassen sich aus dem Lösungskonzept herausfiltern? Wo sind ggf. Modifikationen bzgl. der verschiedenen Krankenhausträger notwendig?

(4) Wie kann, aufbauend auf den Erkenntnissen der vorhergehenden Fragen das Lösungskonzept aussehen?

Die Vorgehensweise orientiert sich weitestgehend an den zuvor abgeleiteten Fragen. Auf Basis beider Begrifflichkeiten Beschaffung und strategisches Management erfolgt die Herleitung des Begriffs des strategischen Beschaffungsmanagements. Danach folgt ein kurzer Überblick über den Beschaffungsmarkt im Krankenhaussektor, bei dem Eckpfeiler und Besonderheiten betrachtet werden. Kapitel 3 gibt sowohl Aufschluss über das Gesundheitswesen und deren Akteure gegenüber der Medizintechnikbranche, als auch über die Anforderungen des Marktes. In Kapitel 4 wird der Begriff Krankenhaus abgegrenzt, sowie dessen Marktumfeld, typologische Unterscheidung und strategische Allianzen charakterisiert. Darauf folgend wird im letzten Abschnitt von Kapitel 4 der erste Teil der Zielsetzung bzgl. der Thematik ‚Auswirkungen der DRG-Einführung' erarbeitet. Basis ist hierfür die Durchführung einer empirischen Befragung mit den einzelnen Anspruchsgruppen im Krankenhaussektor. Dabei werden sowohl die verschiedenen Krankenhausträgerschaften, als auch die zuweisenden niedergelassenen Ärzte interviewt. Der zweite Teil der Befragung beinhaltet die Anwendung einer Nutzwertanalyse. Diese wird in Kapitel 5 thematisiert. Die Nutzwertanalyse enthält die einzelnen Kriterien der Anspruchsgruppen und wird gruppenspezifisch gewichtet und ausgewertet. Anhand der Befragungen und Auswertungen wird das strategische Lösungskonzept hergeleitet. Die einzelnen Strategien werden im Detail erörtert und aufgezeigt.

Im Schlusskapitel 6 werden abschließend die Ergebnisse der Studie zusammengefasst und es wird ein Ausblick auf mögliche Entwicklungen gegeben.

2 Grundlagen der strategischen Beschaffung

Ziel dieses Abschnitts soll es sein, die begrifflichen und konzeptionellen Grundlagen des strategischen Beschaffungsmanagements auf zu zeigen. Dabei geht es im ersten Schritt um Definition und Gegenstände der Beschaffung und die sich daraus ableitenden Funktionen und Ziele. Gefolgt vom zweiten Schritt, bei dem die Begriffe Management und strategisches Management erläutert werden. Beide Aspekte bilden schlussendlich die Basis für die Herleitung der Definition des strategischen Beschaffungsmanagements. Im Anschluss folgt noch ein Einblick zu den Besonderheiten des Beschaffungsmanagements im Krankenhaus.

2.1 Begriff und Gegenstände der Beschaffung

Die Beschaffung ist eine betriebliche Grundfunktion zum Erhalt des Unternehmens. Ihr Gegenstand ist zum einen die Sicherstellung der bedarfsgerechten Versorgung mit allen benötigten Gütern, welche für die Erfüllung der Unternehmenszwecke benötigt werden und zum anderen das unmittelbare Verbindungsglied zu den Beschaffungsmärkten. Im engeren Sinne beschäftigt sich die Beschaffung mit dem Einkauf von Werkstoffen und Betriebsmitteln.[10][11][12] Diese werden in folgende fünf Güterkategorien aufgeteilt:

- „Produktionsmaterial,
- Betriebsstoffe,
- Investitionsgüter,
- Dienstleistungen,
- und Handelswaren."[13]

Von der Qualität der Einsatzgüterbeschaffung, wird auch die Qualität der Produkte bestimmt. Dies zeigt welche strategische Bedeutung der Einkauf für den Unternehmenserfolg hat und warum der Begriff Beschaffung in der Wirtschaft mit dem Synonym Einkauf verbunden ist. Dabei ist aber zu beachten, dass der Einkauf meist nur eine Teilfunktion der Beschaffung ist, nämlich die Ausführung des Kaufvorgangs zwischen dem Unternehmen und dem externen Lieferanten.[14][15]

---

[10] Vgl. Large, R. 2009, S.1f
[11] Vgl. Vahs, D. und Schäfer-Kunz, J. 2007, S.468-469
[12] Vgl. http://www.wirtschaftslexikon24.net/d/beschaffung/beschaffung.htm, Stand: 13.02.2012
[13] Körber, C. 2004/2005, S.4
[14] Vgl. Vahs, D. und Schäfer-Kunz, J. 2007, S.468-469
[15] Vgl. Körber, C. 2004/2005,S.4

Grundsätzlich unterscheidet man zwei Arten der Beschaffung:

a) Die Beschaffung von Gütern, die selbst produziert werden. Dies gewährt den Unternehmen einerseits eine gewisse Unabhängigkeit zum Markt, andererseits kann diese Form aber auch sehr kostenintensiv für den Betrieb sein.

b) Die Beschaffung von Gütern, welche am freien Markt von externen Zulieferern bezogen werden. Dies ist in den meisten Fällen die kostengünstigste Methode, führt aber wiederum zu einer gewissen Abhängigkeit zum Lieferanten.

Für das Überleben eines Unternehmens ist eine gut ausgerichtete Beschaffung erforderlich. Dazu sind neben der Sicherstellung der Versorgung auch weitere Aspekte wie die Kostenkalkulierung, die Marktpositionierung, die Umweltorientierung und die Berücksichtigung der unternehmensinternen Schwankungen verschiedener Bereiche entscheidend.[16]

Darauffolgend teilen sich die Aufgaben der Beschaffung wie folgt auf:

(1) Aufgaben der strategischen Beschaffung

Diesen Bereich kann man noch einmal in zwei Teilprozesse aufteilen. Zunächst die Beschaffungsvorbereitung, um den Beschaffungsbedarf und die Güterspezifikation zu ermitteln. In diesem Schritt wird bestimmt, welche Güter selbst erstellt und welche Güter eingekauft werden. Der zweite Prozess ist die Beschaffungsanbahnung. Hier werden anschließend Entscheidungen über die Anzahl der Lieferanten getroffen, Angebote eingeholt und analysiert.[17]

(2) Aufgaben der operativen Beschaffung

In diesen Aufgabenbereich fällt noch ein kleiner Teil des Beschaffungsbedarfsprozesses. Im Rahmen der operativen Beschaffung werden die Anzahl der Güter und deren Bestandsgröße festgelegt. Daraufhin kommt es im Prozess des Beschaffungsabschlusses zu Vertragsverhandlungen, dem endgültigen Vertragsabschluss und schlussendlich, je nach entsprechender Bestellpolitik, zur Bestellung der Güter. Schließlich werden in der Beschaffungsrealisation die Vertragsparameter überwacht und der Bestand und daraus bestehende Bedarf koordiniert.[18]

---

[16] Vgl. http://www.wirtschaftslexikon24.net/d/beschaffung/beschaffung.htm, Stand: 13.02.2012
[17] Vgl. Vahs, D. und Schäfer-Kunz, J. 2007, S.469
[18] Vgl. Vahs, D. und Schäfer-Kunz, J. 2007, S.469

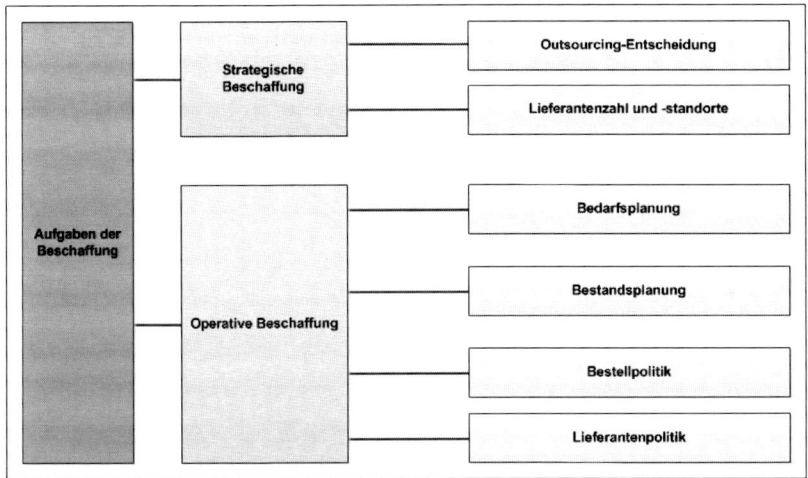

Abb.1: Aufgaben der Beschaffung[19]

Darüber hinaus gehören die materiallogistischen Funktionen, wie Wareneingang, Lagerhaltung, Transport und Entsorgung dem Aufgabenbereich der Beschaffung an. Auch wenn diese Funktionen nicht zu den eigentlichen Aufgaben der Beschaffung zählen, stehen sie doch in starker Verbindung zueinander.

Neben den Beziehungen zu den Bedarfsträgern, ist die Beschaffung mit weiteren Bereichen im Unternehmen verknüpft:[20]

- „Finanz- und Rechnungswesen: Finanzierung der zu beschaffenden Objekte sowie Buchhaltung bzw. Berichtswesen
- Personalwesen: Auswirkungen auf den Personalbereich, zum Beispiel durch Beschaffung von Dienstleistungen, Schulungsmaßnahmen etc.
- Absatz, Forschung und Entwicklung: Bedarfsplanung sowie Information über Möglichkeiten am Absatzmarkt"[21]

Sobald man die Ziele der Beschaffung betrachtet, stößt man in der Literatur auf viele Möglichkeiten der Darstellungen. Die Ausgangspunkte der Zieldefinitionen reichen von der Differenzierung zwischen Sach- und Formalzielen durch Grochla und Schönbohm bis hin zu empirischen Untersuchungsmethoden von Verfassern wie Monczka, Nichols und Callahan die Unternehmen und Lieferanten zu möglichen Beschaffungszielen

---

[19] Vahs, D. und Schäfer-Kunz, J. 2007, S.470
[20] Vgl. Drees, C. 2003, S.8-9
[21] Drees, C. 2003, S.9

befragt haben. Grundsätzlich ließen sich immer folgende drei Beschaffungsziele definieren:

a) angemessene Qualität,

b) hohe Versorgungssicherheit,

c) und niedrige Beschaffungskosten.

Diese Ziele dominieren sowohl in der Praxis als auch in den Lehrbüchern und können somit auf verschiedene Zielobjekte wie das Gesamtunternehmen und die Beschaffungs- und Lieferantenpolitik bezogen werden.[22]

Zielobjekt	Beispiele
Gesamtunternehmen	• Hohe Versorgungssicherheit • Geringer Anteil von Fehlteilen
Funktionsbereich Beschaffung	• Geringe Beschaffungsfunktionskosten • Hohe Leistungsbereitschaft der Mitarbeiter
Gesamtheit der Lieferantenbeziehungen	• Angemessene Anzahl der Lieferanten • Ausreichender Anteil von Rahmenvertragslieferanten
Einzelne Lieferanten bzw. Lieferantenbeziehungen	• Hohe Qualitätsfähigkeit • Hohe Kapazität
Gesamtheit der Beschaffungsobjekte	• Geringe Teilevielfalt • Hoher Anteil von Standardeinheiten
Einzelne Beschaffungsobjekte	• Niedriger Preis • Hohe Qualität

Tab.1: Beispiele von Zielen für verschiedene Zielobjekte[23]

Wie in der Tabelle 1 zu sehen ist, bezieht sich das Ziel ‚hohe Versorgungssicherheit' vorrangig auf das Gesamtunternehmen und entsprechende Unternehmensbereiche die

---
[22] Vgl. Large, R. 2009, S.47-48
[23] Large, R. 2009, S.49

mit Gütern versorgt werden müssen. Durch eine hohe Versorgungssicherheit können Engpässe bei Produktion und Auslieferung vermieden werden, was sich zusätzlich positiv auf die Erlösziele des Unternehmens auswirkt. Das Ziel ‚angemessene Qualität' basiert dagegen auf mehreren Merkmalen von Beschaffungsobjekten und Lieferantenfähigkeiten. Um niedrige Beschaffungskosten zu erzielen, kommt es auf einzelne Merkmale wie Marktgegebenheiten, Nebenkosten oder Stückkosten der Beschaffungsobjekte an.[24]

2.2 Management und strategisches Management

Management

Management ist der Definition nach „die Bildung von Zielen, die Gestaltung von Systemen [und] die Steuerung der Zielerreichung".[25] Ausführlich betrachtet ist Management die zielorientierte Gestaltung und Steuerung von Organisationen oder deren Teilbereichen in Unternehmen, Betrieben, Behörden und Vereinen. Es werden bewusst mittel- und langfristige Ziele gesetzt, welche die Potenziale des Unternehmens fördern und nutzen.[26] [27] Folglich lässt sich der Begriff Management in zwei Komponenten aufteilen:

a) funktionales Management: Als Funktion beinhaltet das Management alle Aufgaben, die zur Leitung eines Unternehmens und dessen Unternehmensbereichen nötig sind. Dazu zählen die Unternehmens- und Personalführung.

b) institutionelles Management: Management als Institution bedeutet, dass alle Personen einbezogen werden, die eine leitende Position im Unternehmen innehaben. Das sind bspw. in der ersten Ebene der Vorstand, die Geschäftsführung und das Top-Management. Bereichs- und Abteilungsleiter folgen dann in den Ebenen zwei und drei. Alle drei Unternehmensebenen haben für ihre Bereiche und unterstellten Mitarbeiter eine Entscheidungs- und Handlungsmacht.[28] [29]

Strategisches Management

Im Allgemeinen beschäftigt sich das strategische Management mit der Gestaltung und Steuerung der Unternehmensentwicklung. Dazu stehen folgende Aspekte im Fokus dieser Überlegungen. Zum einen der zeitliche Rahmen, meist spricht man von zwei bis fünf Jahren, und zum anderen die strategische Planung innerhalb derer beschlossen

---

[24] Vgl. Large, R. 2009, S.48-51
[25] http://www.wirtschaftslexikon24.net/d/management/management.htm, Stand: 14.02.2012
[26] Vgl. Vahs, D. und Schäfer-Kunz, J. 2007, S.224f
[27] Vgl. http://www.wirtschaftslexikon24.net/d/management/management.htm, Stand: 14.02.2012
[28] Vgl. Vahs, D. und Schäfer-Kunz, J. 2007, S.224f
[29] Vgl. http://www.wirtschaftslexikon24.net/d/management/management.htm, Stand: 14.02.2012

werden muss, wie sich das Unternehmen zukünftig aufstellen soll.[30] Daraus leitet sich ab, dass sich jede Unternehmung im heutigen Wettbewerb folgenden zentralen Fragen stellen muss:

a) Welche langfristigen Ziele sollen verfolgt werden?

b) In welchen Geschäftsfeldern soll das Unternehmen tätig werden?

c) Welche Maßnahmen sind notwendig, um langfristig im Wettbewerb bestehen zu können?

d) Was sind unsere Stärken, mit denen wir auf dem Markt bestehen können?

e) Was muss getan werden, um Maßnahmen umzusetzen?[31]

All diese Fragen stehen im Blickpunkt des strategischen Managements. Jedoch stehen sie auch gleichfalls für die Herausforderungen des strategischen Managements.[32]

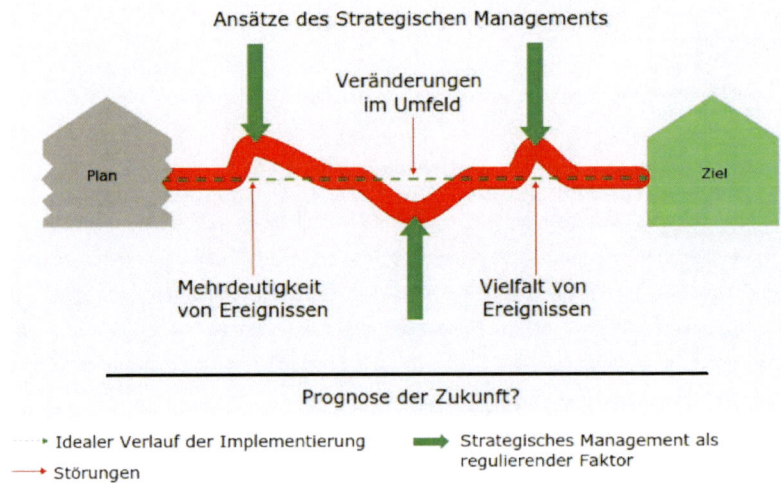

Abb.2: Herausforderungen des strategischen Managements[33]

---

[30] Vgl. http://www.4managers.de/management/themen/strategisches-management/, Stand: 14.02.2012
[31] Vgl. http://wirtschaftslexikon.gabler.de/Definition/strategisches-management.html, Stand: 14.02.2012
[32] Vgl. http://www.4managers.de/management/themen/strategisches-management/, Stand: 14.02.2012
[33] http://www.4managers.de/management/themen/strategisches-management/, Stand: 14.02.2012

Eine Strategie ist nicht immer ein langfristiger Garant für Erfolg. Teilweise muss diese an neue Gegebenheiten angepasst werden.

a) Größe und Marktanteil sind kein Garant für dauerhaften Erfolg

b) Stärken, auf die man sich gestützt hat und gewinnbringend waren, können langfristig ihre Relevanz verlieren

c) Anforderungen von jung und stark wachsenden Märkten wandeln sich sprunghaft[34]

Schlussendlich gilt es somit die Frage zu beantworten, wie das Bestehen und der Erfolg des Unternehmens langanhaltend gesichert werden können.

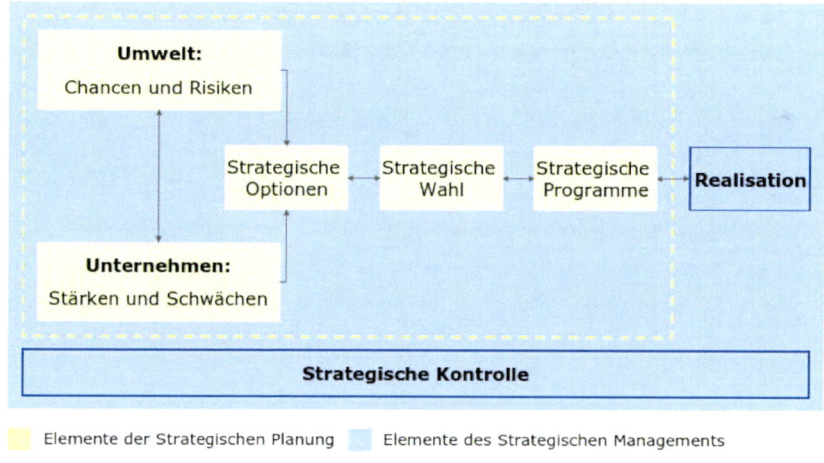

Abb.3: Strategische Planung und strategisches Management[35]

Angesichts dieser Frage zeigt sich, dass Teile der strategischen Planung die wesentlichen Grundlagen für ein erfolgreiches strategisches Management bilden. Es zeigen sich folgende Phasen im Verlauf der Planung und des Managements:

(1) Strategische Optionen / Zielbildung: Entwicklung der Unternehmenspolitik, Gestaltung des Leitbildes und der strategischen Ziele

(2) Strategische Wahl / Analyse: Analyse des Unternehmens und der Umwelt, Vorhersage und rechtzeitige Gefahrenaufklärung

---

[34] Vgl. http://wirtschaftslexikon.gabler.de/Definition/strategisches-management.html, Stand: 14.02.2012
[35] http://www.4managers.de/management/themen/strategisches-management/, Stand: 14.02.2012

(3) Strategische Programme / Formulierung: Strategien formulieren, auswählen und bewerten

(4) Realisation / Strategieumsetzung: die ausgewählte Strategie im Tagesgeschäft des Unternehmens integrieren und langfristig verankern

Der Prozess des strategischen Managements ist schlussendlich um die abschließende strategische Kontrolle, dem Controlling, zu ergänzen.[36] [37]

2.3 Strategisches Beschaffungsmanagement

Da die Beschaffung von Gütern laut Rudolf Large einen Großteil der Kosten im Unternehmen ausmacht, ist es für die Unternehmen relevant diesen Sektor immer weiter zu optimieren.[38] Ansteigende Materialkosten, zunehmender Kostendruck auf globalen Märkten und die gegenseitige hohe Erwartungshaltung auf Abnehmer- und Anbieterseite zeigen, wie wichtig die Ausschöpfung von Einkaufspotenzialen für die Sicherstellung der Wirtschaftlichkeit eines Unternehmens ist. Um dies zu garantieren, ist ein erfolgreiches strategisches Management erforderlich.[39] Das strategische Beschaffungsmanagement bildet hierbei die Schnittstelle zwischen den „Handlungen des Beschaffungsmanagements und des allgemeinen strategischen Managements".[40] Durch eine optimale und nachhaltige Ausrichtung des strategischen Beschaffungsmanagement können so zehn bis 15 Prozent an Kosten eingespart werden. Neben den zu erzielenden Einsparungen, lassen sich noch eine Reihe von weiteren Kriterien ableiten:[41]

(1) Langfristigkeit: Erreichung von Zielen und die Sicherung von Beschaffungspotenzialen dauerhaft aufrechterhalten.

(2) Orientierung an den Erfolgspotenzialen: Bündelung der Potenziale und Fähigkeiten des Unternehmens.

(3) langfristige Ziele: Ziele die durch effiziente Marktforschung, Kostensenkungen und Lieferanteneinbindung erreicht werden können.

---

[36] Vgl. http://wirtschaftslexikon.gabler.de/Definition/strategisches-management.html, Stand: 14.02.2012
[37] Vgl. http://www.4managers.de/management/themen/strategisches-management/, Stand: 14.02.2012
[38] Large, R. 2009, S.3
[39] Vgl. Körber, C. 2004/2005, S.3
[40] Vgl. Körber, C. 2004/2006, S.3
[41] Vgl. Körber, C. 2004/2005, S.3

(4) Orientierung am Unternehmenserfolg: Messbar an der Qualität der Produkte und der Kundenzufriedenheit. Ein weiterer messbarer Parameter ist bspw. auch die Margenentwicklung.

(5) Orientierung an Wettbewerbsvorteilen: Betrachten von globalen Märkten und Beschaffungsmöglichkeiten. Verlagerung von Produktionsstätten.[42]

Aufgaben des strategischen Beschaffungsmanagement

„Im Fokus des strategischen Beschaffungsmanagement steht die Erschließung, Sicherung und Weiterentwicklung von Erfolgspotenzialen."[43] Grundsätzlich spricht man dabei von den Beschaffungsmaßnahmen, die ein Unternehmen in Stärke und Dauer entscheidend beeinflussen. Unter den Erfolgspotenzialen unterscheidet man wie folgt:

a) Kosten- und Erlöspotenziale (betriebliche Ebene):

Dies können beispielsweise Bemühungen sein, um eine wettbewerbsfähige Kostenstruktur aufzubauen und gleichzeitig die Realisierung von Erlösen zu unterstützen. Die Kostenpotenziale ergeben sich aus mehreren Komponenten mit unterschiedlichsten Ansatzpunkten:[44]

- „Einstandspreise der beschafften Güter,
- Kosten im Zusammenhang mit der Erfüllung der Beschaffungsfunktion, z.B. Personalkosten der Beschaffungsabteilung,
- Kostenpotenziale anderer Unternehmensbereiche, die durch die Beschaffung beeinflusst werden, z.B. Vermeidung von Stillstandszeiten in der Produktion."[45]

Auch die Erlöspotenziale resultieren aus mehreren Komponenten wie Qualität, technologischem Niveau und Lieferservice. Diese ergeben sich mit Hilfe einer hochwertigen Leistungsfähigkeit des Unternehmens und der gleichzeitigen Differenzierung zu anderen Konkurrenzanbietern auf den Absatzmärkten.[46] [47]

Bei der Beschaffungsfunktion ist es erforderlich, neben der betrieblichen Ebene, auch die markt- und betriebsorientierte Perspektive zu berücksichtigen.

---

[42] Vgl. Körber, C. 2004/2005, S.5
[43] Da-Cruz, P., P. 2010, S.22
[44] Vgl. Da-Cruz, P., P. 2010,S.22-23
[45] Da-Cruz, P., P. 2010, S.23
[46] Vgl. Da-Cruz, P., P. 2010,S.23
[47] Vgl. Körber, C. 2004/2005,S.4ff

b) interne und externe Erfolgspotenziale (marktorientierte Ebene):

Das interne Erfolgspotenzial wird geprägt vom Zusammenwirken der Mitarbeiter und dem organisatorischen Aufbau und Ablauf des Beschaffungsprozesses. Darüber hinaus haben Personal-, Struktur-, Prozess- und Technologiestrategien einen entscheidenden Bezug zur Beschaffungsfunktion.

Hingegen bezieht sich das externe Erfolgspotenzial auf die Bildung von Einkaufskooperationen innerhalb des Beschaffungsmarktes. Hierbei kommt zum einen die partnerschaftliche Zusammenarbeit von Anbietern und Nachfragern in Betracht. Zum anderen ist auch ein weiterer Punkt für das externe Erfolgspotenzial die Gewinnung von Informationen über Beschaffungsmärkte, -objekte und deren Zulieferer.[48][49]

Ableitung strategischer Ziele

Im Hinblick auf die bereits genannten Ziele der Beschaffung im Abschnitt 2.1, erscheint es sinnvoll diese Ziele noch einmal aufzugreifen und auf die strategische Auslegung der Erfolgspotenziale aufzubauen. Es gilt zu zeigen, in wie weit sich strategische Beschaffungsziele von sonstigen Beschaffungszielen unterscheiden. „Strategisch sind Ziele dann, wenn sie das Eröffnen und Sichern von Erfolgspotenzialen zum Gegenstand haben."[50] Genauer gesagt, geht es dabei um das Erlangen von zukünftigen Stärken. Wie bereits detailliert gezeigt wurde, lassen sich die Erfolgspotenziale in Kosten- und Erlöspotenziale und zusätzlich in interne und externe Erfolgspotenziale aufteilen.[51] Daraus können folgende Zielbildungen abgeleitet werden:

	Interne Potenziale	Externe Potenziale
Erlöspotenziale	(1) Ziele für interne Erlöspotenziale	(3) Ziele für externe Erlöspotenziale
Kostenpotenziale	(2) Ziele für interne Kostenpotenziale	(4) Ziele für externe Kostenpotenziale

Tab.2: Strategische Zielkomplexe[52]

---

[48] Vgl. Da-Cruz, P., P. 2010,S.24
[49] Vgl. Körber, C. 2004/2005,S.4ff
[50] Vgl. Large, R. 2009, S.52
[51] Vgl. Large, R. 2009,S.52
[52] Large, R. 2009, S.53

(1) „Ziele bzgl. interner Erlöspotenziale, z.B. Weiterbildungsziele für Mitarbeiter,

(2) Ziele bzgl. interner Kostenpotenziale, z.B. Optimierung der Aufbau und Ablauforganisation

(3) Ziele bzgl. externer Erlöspotenziale, z.B. Ziele im Hinblick auf die Lieferzeit,

(4) Ziele bzgl. externer Kostenpotenziale, z.b. Steigerung des Beschaffungsanteils aus Niedriglohnländern"[53]

Dabei kann das Verhältnis der Ziele untereinander entweder neutral, komplementär oder konfliktär sein. Ein typischer Zielkonflikt kann dabei beispielsweise das Unternehmensziel Kapitalkostenoptimierung sein. Das Beschaffungsmanagement ist immer bestrebt, kostengünstig zu beschaffen. Durch die Abnahme von großen Mengen sinken gleichermaßen auch die Stückkosten. Somit ist ein Anreiz gegeben große Mengen abzunehmen. Dies führt jedoch zu erhöhten Beständen und damit verbunden zu einem Anstieg der Kapitalkosten. Auch wenn die Güter vergleichsweise günstiger als zum Marktpreis üblich beschafft werden können, ist es nicht gewährleistet, dass die Bestände auch wirklich verbraucht werden. Folglich zeigt sich, dass die Ziele der Beschaffung immer situationsabhängig zu betrachten und zu erfüllen sind.[54]

Beschaffungsmanagement im Dienstleistungsbetrieb Krankenhaus

Im Allgemeinen gilt es einen kurzen Überblick über den derzeitigen Stand der Beschaffung in den deutschen Krankenhäusern zu schaffen. Zunächst wird das gesamte Beschaffungsvolumen der Krankenhäuser betrachtet. Dabei zeigt sich, dass die Sachkosten im Zeitraum von 14 Jahren um 91,6% angestiegen sind.

	1996	2000	2005	2010
Sachkosten insgesamt	15.816.372	17.414.485	22.621.447	30.310.976

Tab.3: Entwicklung der Sachkosten Beschaffung (in Td. EUR)[55]

---

[53] Da-Cruz, P., P. 2010, S.28
[54] Da-Cruz, P., P. 2010, S.28-29
[55] Statistisches Bundesamt (Destatis) - Gesundheitsberichterstattung des Bundes - https://www.gbe-bund.de/oowa921-install/servlet/oowa/aw92/dboowasys921.xwdevkit/xwd_init?gbe.isgbetol/xs_start_neu/&p_aid=3&p_aid=99626718&nummer=820&p_sprache=D&p_indsp=-&p_aid=65950104, Stand: 05.04.2012

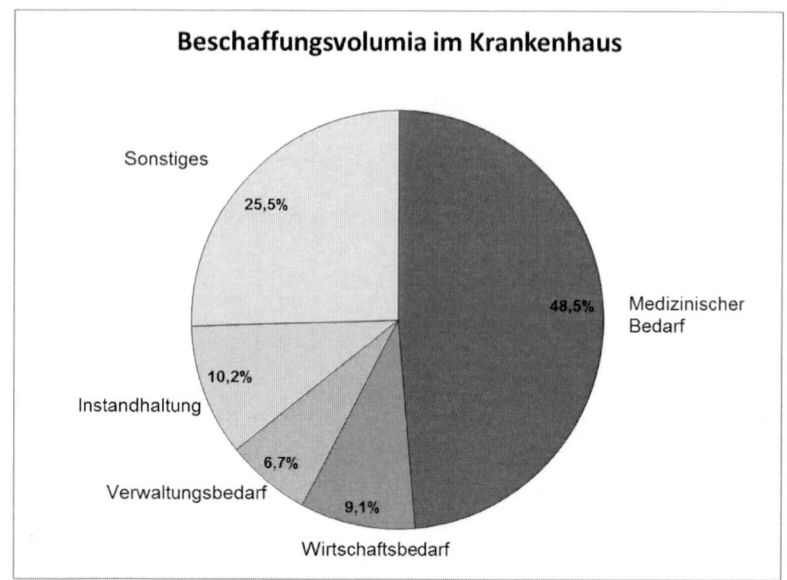

Abb.4: Verteilung der Sachkosten[56]

Den größten Block in der Beschaffung der Sachkosten stellt der medizinische Bedarf mit 48,5% dar. Danach folgt der Block ‚Sonstiges' mit einem Anteil von 25,5%, in ihm enthalten sind beispielswiese Faktoren wie Steuern, Abgaben und Versicherungen. An dritter Stelle stehen die Kosten für die Instandhaltung(10,2%), dicht gefolgt von dem Wirtschafts- (9,1%) und Verwaltungsbedarf (6,7%) (Abb.4).
Eine Studie des Deutschen Krankenhausinstitutes (DKI) und der A.T. Kearney Management Consultants hat ergeben, dass sich je nach Größe des Krankenhauses[57] die Bedarfsanteile verschieben. In kleinen Krankenhäusern ist der Anteil des medizinischen Bedarfs etwas geringer, dagegen steigt der Wirtschaftsbedarf im Schnitt auf 18%. Im Gegensatz dazu verschiebt sich der Fokus bei einer steigenden Krankenhausgröße weg vom Wirtschaftsbedarf, auf den medizinischen Bedarf.[58]
Diese Erkenntnis spiegelt sich auch in den Beschaffungsstrategien wider. Bei der Beschaffung des medizinischen Bedarfs präferieren die größeren Krankenhäuser eher die strategischen Prinzipien wie ‚besten Preis erzielen', ‚gesamte Beschaffungskette

---

[56] Eigene Darstellung basierend auf den Daten der GBE - https://www.gbe-bund.de/oowa921-install/servlet/oowa/aw92/dboowasys921.xwdevkit/xwd_init?gbe.isgbetol/xs_start_neu/&p_aid=3&p_aid=99626718&nummer=820&p_sprache=D&p_indsp=-&p_aid=65950104, Stand: 05.04.2012
[57] Größeneinteilung der Krankenhäuser in der Studie von DKI und A.T. Kearney Management Consultants:
kleine = unter 100 Betten, große = 600 und mehr Betten
kleinere = 100 bis 299 Betten, größere = 300 und mehr Betten
[58] Vgl. Deutschen Krankenhausinstitut (DKI) und A.T. Kearney Management Consultants 2010, S.19

optimieren' und die ‚Produktportfolio standardisieren'. Kleine Krankenhausbetriebe fokussieren sich stärker auf multidimensionale Beschaffungsstrategien. Es wurden jedoch auch Gemeinsamkeiten zwischen beiden Parteien festgestellt. Für beide steht das Prinzip den ‚besten Preis zu erzielen' an oberster Stelle. Danach folgen die Punkte ‚Optimierung der Beschaffungskette' und ‚Standardisierung des Produktportfolios' (Abb.5).[59]

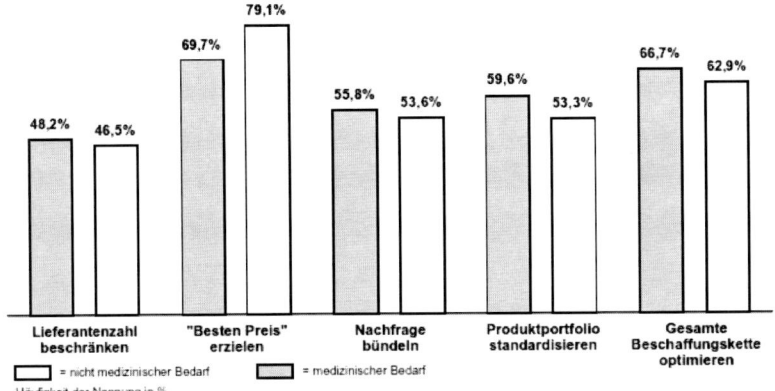

Abb.5: Strategische Prinzipien der Beschaffung mit ‚eher hoher" Bedeutung'[60]

Herausforderungen des Krankenhausmanagements

„Die demografische Entwicklung, der technische Fortschritt, die Entwicklung gesetzlicher Rahmenbedingungen, der gesellschaftliche Wertewandel und die Intensivierung des Wettbewerbs stellen wesentliche Herausforderungen des Krankenhausmanagements dar."[61] Die Alterung der Bevölkerung in Deutschland hat zur Folge, dass der Bedarf an mehr Gesundheitsleistungen kontinuierlich steigt. Dieser Mehrbedarf bewirkt einen ansteigenden Kostendruck auf die Sozialversicherungssysteme, welcher zusätzlich durch den technischen Fortschritt und dessen kostenintensive Innovationen verstärkt wird. Neben den ansteigenden Kosten, hat auch die gesetzliche Finanzierungsreform im Jahr 2003 mit Einführung eines DRG-Systems großen Einfluss auf die Gestaltungsmöglichkeiten der Krankenhäuser genommen. Steigende Behandlungsansprüche, steigende Kosten und die Veränderung der Finanzierbarkeit der Leistungen haben mit dem gesellschaftlichen Wandel in den letzten 20 Jahren dazu geführt, dass das Unternehmen Krankenhaus immer mehr in den Dienstleistungssektor gerückt ist. Um hierbei kostendeckend zu wirtschaften, hat der Wettbewerb zwischen den Krankenhäusern an Intensität zugenommen. Der Wandel in Krankenhaus und Gesund-

---
[59] Vgl. Deutschen Krankenhausinstitut (DKI) und A.T. Kearney Management Consultants 2010, S.19f
[60] Deutschen Krankenhausinstitut (DKI) und A.T. Kearney Management Consultants 2010, S.20
[61] Da-Cruz, P., P. 2010, S.122

heitswesen wird im Laufe der letzten Jahre auch immer mehr an die Öffentlichkeit weitergegeben. Beispielhaft ist die Zusatzzahlung in Form der Praxisgebühr. In Anbetracht dessen beobachtet die Öffentlichkeit mit starkem Interesse die Handlungen und Entwicklungen im Gesundheitssektor.[62]

Wertschöpfungsorientierte Beschaffung
Wie bereits erläutert, ist die Materialwirtschaft im Krankenhaus stetigen Veränderungen und Herausforderungen ausgesetzt. Neben dem Streben ein strategisches Gesamtkonzept zu entwickeln, befasst sich die Beschaffung fast täglich mit dem Konflikt zwischen Qualität und Kosten. Hierbei gilt es eine Kombination von Kostensenkung und Qualitätssicherung anzustreben.[63] Jörg Schlüchtermann schreibt dabei in seinem Artikel von dem Hebel Wettbewerbsdruck. Es gilt „die Kräfte des Marktes [optimal] auszunutzen und von dem Preisdruck, der auf den Zulieferern lastet, zu profitieren".[64] Grundsätzlich versuchen die Einkäufer ihre Marktkräfte zu mobilisieren und mit verschiedenen Zulieferern zusammenzuarbeiten. Nachteil dieser Praxis ist ein häufiger Lieferantenwechsel, der gleichzeitig verhindert, dass nur schwer eine vertrauensvolle Geschäftsbeziehung zwischen Kunden und Lieferanten aufgebaut werden kann. Um Qualität und Kosten zu kombinieren und somit wertschöpfend zu beschaffen, empfiehlt es sich zunächst den Fokus auf die Qualität zu legen. „Wer Qualität steuert, kann Kosten sparen. Umgekehrt ist es wesentlich schwieriger".[65] Somit zeigt sich, dass „jede Produktentscheidung einer indikationsgerechten und strategiekonformen Spezifikation des Produktnutzens bedarf".[66] Neben diesem Aspekt, sollte der Einkäufer auch immer den stetigen technischen Fortschritt der Medizinbranche berücksichtigen. In Absprache mit den betreffenden Beteiligten wie behandelnde Ärzte, Pflegekräfte, Logistiker und Patienten findet der Einkäufer die Schlüsselkompetenz für die wertschöpfende Beschaffung.[67]

---

[62] Vgl. Da-Cruz, P., P. 2010, S.122-123
[63] Vgl. f&w Magazin Nr.3 Mai-Juni 2011,S.290-292
[64] f&w Magazin Nr.3 Mai-Juni 2011,S.290-292
[65] f&w Magazin Nr.3 Mai-Juni 2011,S.290-292
[66] f&w Magazin Nr.3 Mai-Juni 2011,S.290-292
[67] Vgl. f&w Magazin Nr.3 Mai-Juni 2011,S.290-292

3 Rahmenbedingungen des Gesundheitswesens

In Kapitel 3 stehen die Entwicklung und die Gegebenheiten des Gesundheitswesens im Mittelpunkt. Dabei geht es zunächst um die begriffliche Abgrenzung und die Unterteilung des deutschen Gesundheitswesens. Darauf aufbauend folgt die Entwicklung des Gesundheitssektors, welcher durch einen nichtanhaltenden Kostenanstieg geprägt ist. Nach einer schematischen Darstellung der Akteure des Marktes, folgt die Ableitung der Marktanforderungen.

3.1 Entwicklung des Gesundheitswesens

Unter dem Begriff Gesundheitswesen versteht man die „Gesamtheit des organisierten Handelns als Antwort auf das Auftreten von Krankheit und Behinderung und zur Abwehr gesundheitlicher Gefahren".[68] Der Begriff Gesundheitswesen wird auch oft mit dem Begriff Gesundheitsversorgung gleichgesetzt. Das deutsche System lässt sich wie folgt unterteilen:

a) stationäre Versorgung: Diese wird sowohl in Krankenhäusern, als auch in den Vorsorge- und Rehabilitationseinrichtungen erbracht

b) ambulante Versorgung: wird eigens durch die niedergelassenen Ärzte erbracht

c) integrierte Versorgung: erstreckt sich über beide Bereiche und fördert die Vernetzung von Fachärzten und den Krankenhäusern

Eine weitere Besonderheit des Gesundheitswesens ist die Unterteilung in den ersten und zweiten Gesundheitsmarkt. Der erste Gesundheitsmarkt umfasst alle Leistungen gegenüber der gesetzlichen und privaten Krankenversicherten. Dazu zählt die Versorgung durch den stationären und ambulanten Sektor, durch Apotheken, sowie deren Vor- und Zulieferbereiche wie die Medizintechnik. Zum zweiten Gesundheitsmarkt zählt die Gesamtheit aller medizinischen Produkte und Dienstleistungen, die nicht unter die gesetzliche Krankenversicherung oder den staatlichem Gesundheitsdienst fallen. Hierzu zählen Angebote aus dem Bereich Wellness, Sport und Gesundheitstourismus. Dies zeigt auch welch bedeutenden Wirtschaftsfaktor das Gesundheitswesen hat. Gerade der zweite Markt hat in letzter Zeit durch sein breites Spektrum sowohl an

---

[68] Busse, R. und Schreyögg, J. 2010, S.1

Beschäftigungsmöglichkeiten, als auch an wirtschaftspolitscher und volkswirtschaftlicher Bedeutung dazu gewonnen.[69]

Sowohl diese Gegebenheiten, als auch die steigenden Ansprüche einer bedarfs- und altersgerechten Versorgung, der technischen Fortschritt, der in der Medizin mit hohen Kosten verbunden ist und der demografische Wandel in der Bevölkerung stellen das Gesundheitswesen vor große Herausforderungen.[70]

Eine der bedeutendsten Entwicklungen ist dabei bei den Gesundheitsausgaben zu erkennen.

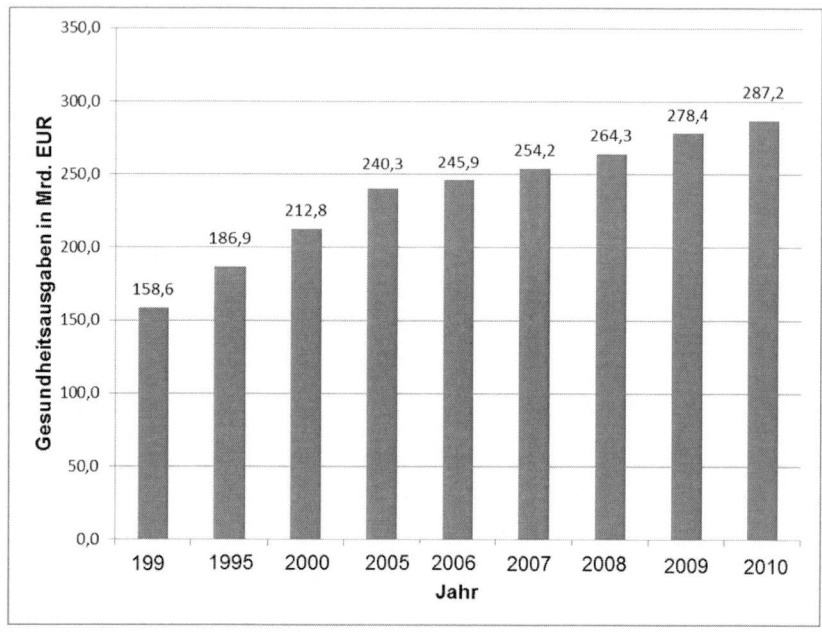

Abb.6: Entwicklung der Gesundheitsausgaben in Deutschland[71]

---

[69] Vgl. Schumann, H. 2010, S.5
[70] Vgl. Schumann, H. 2010, S.5-6
[71] Eigene Darstellung basierend auf den Daten der GBE: https://www.gbe-bund.de/oowa921-install/servlet/oowa/aw92/dboowasys921.xwdevkit/xwd_init?gbe.isgbetol/xs_start_neu/&p_aid=i&p_aid=99626718&nummer=322&p_sprache=D&p_indsp=-&p_aid=37390239, Stand: 05.04.2012

Zu einer der treibenden Kräfte gehört hierbei der demografische Wandel. In der Bundesrepublik Deutschland wird damit die immer älter werdende Bevölkerung verbunden. Es ist davon auszugehen, dass der Anteil der über Achtzigjährigen bis zum Jahr 2030 um fast 60% zunehmen wird.[72] Somit steigt auch gleichzeitig der Bedarf an medizinischer Versorgung und Pflege (Altenpflege). Dies ist auch mit den Zahlen des deutschen statistischen Bundesamts zu belegen, die einen stetig anwachsenden erhöhten Finanzmittelbedarf bei Pflegeeinrichtungen prognostizieren. Die Bedürfnisse der älter werdenden Bevölkerung rücken immer mehr in den Fokus und die Gesundheitsleistungen müssen dem angepasst werden. Verbesserte Methoden bei Diagnostik und Therapie, sowie medizinische Innovationen erhöhen aber nicht nur die Lebenserwartung, sondern auch die Ausgaben.[73] „Nur selten sind neue Techniken kostengünstiger als Alte. Als Beispiel sei hier die Computertomografie genannt, die die Röntgenaufnahme nicht ersetzt, sondern eine zusätzliche Untersuchungstechnik darstellt".[74] Neben den steigenden Ausgaben, führen aber auch die sinkenden Einnahmen im Gesundheitssektor zu einem verstärkten Kostendruck. Das Einnahmepotenzial der Krankenversicherung hat deutlich abgenommen. Hinzu kommt, dass das zukünftige Verhältnis zwischen jungen und alten Menschen diese Lage noch weiter verschlimmert. „Eine zunehmend kleiner werdende Zahl von Einzahlern muss eine immer größer werdende Anzahl von älteren Bevölkerungsgruppen mitfinanzieren".[75] Somit kann man schlussendlich sagen, dass sowohl die hohen Ausgaben, bedingt durch den medizinisch-technischen Fortschritt, als auch die fehlenden Einnahmen die Entwicklung des Gesundheitswesens am meisten geprägt haben.[76] [77]

---

[72] Bertelsmann Stiftung – Pressemitteilung vom 26.10.2011, Die Bevölkerungszahl der über 80-Jährigen lag 2006 bei 3,7 Mio. - http://www.bertelsmann-stiftung.de/cps/rde/xchg/SID-1FEC1DDE-E1062C43/bst/hs.xsl/nachrichten_110137.htm, Stand: 15.03.2012
[73] Vgl. Schumann, H. 2010, S.3-4
[74] Schumann, H. 2010, S.4
[75] Pflügel, R. 2008, S.94
[76] Vgl. Pflügel, R. 2008, S.94f
[77] Vgl. Schumann, H. 2010, S.4-5

3.2 Akteure im Gesundheitssystem im Bezug zur Medizinindustrie

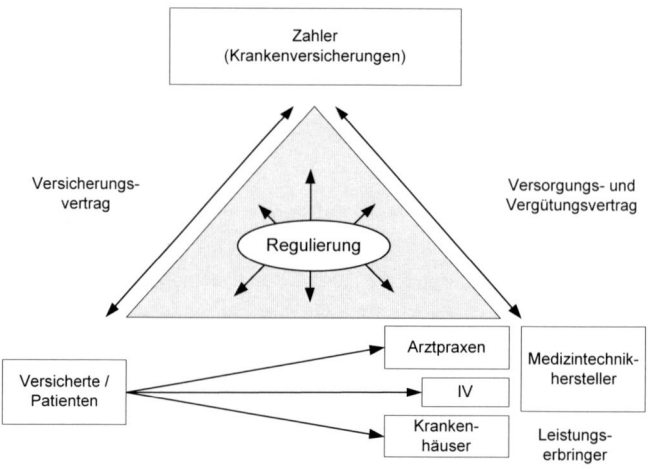

Abb.7: Vereinfachte Darstellung von Akteuren und ihren Beziehungen im Gesundheitswesen[78]

Die Rollen der Akteure im Gesundheitswesen sind klar zugeordnet und definiert. „[D]ie Bevölkerung als Versicherte bzw. Patienten, die Leistungserbringer (in Form von Arztpraxen, Krankenhäusern, Netzwerken der Integrierten Versorgung [IV], [...]) und – als dritte Partei- die Zahler bzw. Finanzintermediäre, [im deutschen Gesundheitswesen] zumeist in Form von gesetzlichen Krankenkassen und privaten Krankenversicherungsunternehmen".[79] Zwischen den Akteuren bestehen klar definierte Beziehungen. Die Behandlungsleistung erfolgt zwischen dem Patienten und dem Leistungserbringer, der Versicherungsvertrag kommt zwischen dem Versicherungsnehmer und der entsprechenden Krankenversicherung zu Stande und der Versorgungs- und Vergütungsvertrag besteht zwischen den Krankenversicherungen und den Leistungserbringern. Im Gegensatz dazu, besteht bei der privaten Krankenversicherung ein Behandlungs- und Vergütungsvertrag direkt zwischen Leistungserbringern und Patient. Diese Verzahnungen sind dabei durch Gesetze, Richtlinien, Verordnungen oder Rahmenverträge reguliert. Besonders im Gesundheitswesen sind diese Regulierungen ausgeprägter als in anderen Bereichen der Wirtschaft. Hintergrund sind Ziele außerhalb wirtschaftlicher Überlegungen, wie eine effektive Sozialpolitik und die Sicherung der

---

[78] Busse, R. und Schreyögg, J. 2010, S.2
[79] Busse, R. und Schreyögg, J 2010, S.2-3

Bevölkerungsgesundheit durch Gewährleistung einer hochwertigen medizinischen Versorgung.[80]

3.3 Anforderungen des Marktes

Das Gesundheitswesen ist eine dynamisch geprägte Wirtschaftsbranche, mit einer hohen Innovationskraft und einer hohen ökonomischen Bedeutung für den Standort Deutschland. Auf Grundlage der Entwicklungen und Besonderheiten des Gesundheitswesens zeigt sich, dass viele Faktoren eine entscheidende Rolle auf dem Markt spielen. Grundsätzlich muss die gesteigerte Nachfrage der Gesundheitsleistungen gestillt werden. Das heißt zum einen, dass die Bedürfnisse dem demografischen Wandel angepasst werden und zum anderen, dass dadurch die Sicherung der medizinischen Versorgung für alle Bürger der Bundesrepublik Deutschland nicht eingeschränkt wird. Dabei sollen die Techniken sowohl innovativ und qualitativ hochwertig, als auch kostengünstig sein.

---

[80] Vgl. Busse, R. und Schreyögg, J 2010, S.2-3

4 Rahmenbedingungen des Krankenhauswesens

Dieses Kapitel gibt einen Überblick über den Krankenhaussektor. Dazu erfolgt zuerst die Erklärung des Unternehmens Krankenhaus mit all seinen Funktionen. Danach werden sowohl Struktur und Beziehungen des Krankenhausmarktes, als auch die Typologie der Krankenhäuser erläutert. Neben den Besonderheiten auf dem Krankenhausmarktfolgen eine Darstellung der strategischen Allianzen im Gesundheitssystem und die Finanzierung der Krankenhausleistungen. Im letzten Teil wird der Bezug zu einem der Kernthemen dieser Arbeit hergestellt. Dabei werden die Auswirkungen der DRG-Einführung veranschaulicht, welche dann schlussendlich einen Eckpfeiler und wichtigen Bezugspunkt zum strategischen Lösungskonzept herstellen.

4.1 Unternehmen Krankenhaus

Die grundlegende Definition leitet sich aus dem Krankenhausfinanzierungsgesetz (nachfolgend KHG genannt) ab und ist in § 2 Nr.1 wie folgt geregelt: „[Krankenhäuser sind] Einrichtungen, in denen durch ärztliche und pflegerische Hilfeleistungen Krankheiten, Leiden oder Körperschäden festgelegt, geheilt oder gelindert werden sollen oder Geburtshilfe geleistet wird und in denen die zu versorgenden Personen untergebracht und verpflegt werden können".[81] Anders als in der Definitionsgrundlage des Sozialgesetzbuches (nachfolgend SGB genannt) trifft das KHG keine Unterscheidung zwischen Krankenhäusern und Versorge- und Rehabilitationseinrichtungen. Denn das SGB unterscheidet in seiner Gesetzgebung den Begriff Krankenhaus von den reinen Vorsorge- und Rehabilitationshäusern.[82] Der wesentliche Unterschied laut SGB liegt darin, dass Krankenhäuser nur akute Erkrankungen behandeln und Vorsorge- und Rehabilitationseinrichtung ausschließlich für die Vorbeugung und Nachsorge verantwortlich sind. Laut gesetzlicher Definition im SGB dienen Vorsorgeeinrichtungen dazu einer Krankheitsentwicklung vorzubeugen oder entgegenzuwirken. In Rehabilitationseinrichtungen werden Maßnahmen durchgeführt, die Beschwerden wie beispielsweise eine drohende Behinderung vorbeugen sollen und im Nachgang den gewünschten Behandlungserfolg sichern.[83] [84] Es ergeben sich folgende Einzelleistungen von Krankenhäusern:

---

[81] http://www.gesetze-im-internet.de/khg/__2.html, Stand: 29.02.2012
[82] Fleßa, S., S. 2007, S.24
[83] Fleßa, S., S. 2007, S24
[84] Vgl. § 107 Abs.1 und 2 SGB V, Krankenhäuser, Vorsorge- oder Rehabilitationseinrichtungen, 2009, 37. Auflage

„(1) Diagnoseleistungen:

- Labormedizin
- Röntgen
- Endoskopie
- ...

(2) Therapieleistungen:

- Operationen
- Strahlentherapie
- Physikalische Therapie
- Medikamentöse Therapie
- ...

(3) Pflegeleistungen:

- Grundpflege
- Körperpflege und Ernährung
- Wundbehandlung
- ...

(4) Versorgungsleistungen:

- Unterbringungsleistung
- Speisen und Wäscheversorgung
- Verwaltungsleistungen
- ..."[85]

Krankenhäuser nach Art der Zulassung

In der Bundesrepublik Deutschland ist fast 90% der Bevölkerung gesetzlich versichert.[86] Somit ist es für Krankenhäuser von hoher Bedeutung, dass die Behandlungsleistungen über die Krankenkassen abgerechnet werden. Nach § 108 SGB V haben Krankenhäuser nur nach Anspruch auf die Vergütung wenn sie:

---

[85] Hadamitzky, A. 2010, S.39
[86] Vgl. GKV-Spitzenverband - http://www.gkv-spitzenverband.de/ITSGKrankenkassenListe.gkvnet, Stand: 12.04.2012

a) nach landesrechtlichen Vorschriften anerkannte Hochschulkliniken sind,

b) sogenannte Plankrankenhäuser, die in dem Krankenhausplan des Bundeslandes aufgenommen sind, oder [87]

c) „Krankenhäuser, die einen Versorgungsvertrag mit den Landesverbänden der Krankenkassen und den Verbänden der Ersatzkassen abgeschlossen haben".[88] [89]

Sofern Krankenhäuser nicht in den Planungen des jeweiligen Bundeslandes berücksichtigt sind, haben sie keinen Anspruch auf das Erlangen eines Versorgungsvertrages. Dagegen sind die Krankenkassen verpflichtet einen Versorgungsvertrag mit einem im Krankenhausplan aufgenommenen Krankenhaus abzuschließen, sofern diese nicht schon durch die Aufnahme einen entsprechenden Vertrag abgeschlossen haben.[90] Ein detaillierter Einblick in die Gegebenheiten der Krankenhausfinanzierung wird später in der Studie gegeben.

4.1.1 Struktur des deutschen Krankenhauswesens

Zu den wichtigsten Akteuren im Krankenhauswesen zählen Staat, Krankenkassen, niedergelassene Ärzte, Patienten und das Krankenhaus. Deren Beziehungen zueinander sind in der folgenden Abbildung grafisch dargestellt.

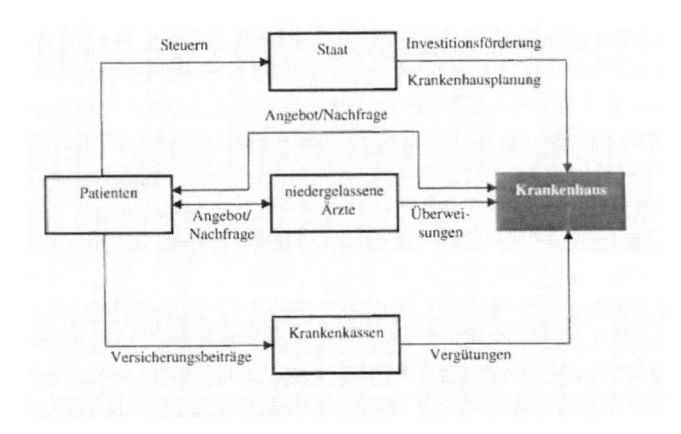

Abb.8: Vereinfachte Darstellung des deutschen Krankenhausmarktes[91]

Zu den Besonderheiten im Krankenhaussektor gehört die Tatsache, dass der Patient und eigentliche Leistungsempfänger die Kosten der gegenüber ihm erbrachten

---

[87] Vgl. Tiemann, O., Schreyögg, J., Wörz, M. und Busse, R. 2010, S.50
[88] Tiemann, O., Schreyögg, J., Wörz, M. und Busse, R. 2010, S.50
[89] Vgl. § 108 SGB V, Zugelassene Krankenhäuser, 2009, 37. Auflage
[90] Vgl. Tiemann, O., Schreyögg, J., Wörz, M. und Busse, R. 2010, S.50
[91] Vera, A. 2010, S. 158

Dienstleistungen nicht tragen muss. Aufgrund seines umfassenden Versicherungsschutzes, werden die Leistungen der Krankenhäuser durch Krankenkassen und staatliche Investitionsförderungen finanziert. Durch diese Vergütungsmechanismen nehmen die Kostenträger starken Einfluss auf die Krankenhäuser und deren Planungen über Kapazität und Leistungsangebot.

Eine weitere Eigenheit des Marktes war bisher die relativ strikte Trennung von ambulanten und stationären Leistungserbringungen. Hierbei ist hervorzuheben, dass sowohl die Zuständigkeiten, als auch die Vergütung beider Leistungen unterschiedlich abgesteckt werden. Zum Beispiel werden die ambulanten, durch den niedergelassenen Arzt erbrachten Leistungen durch die Krankenkassen finanziert und der durch das Krankenhaus abgedeckte stationäre Sektor, wird von dem einzelnen Bundesland vergütet. Somit war es für die Krankenhäuser bisher nur in einem streng begrenzen Rahmen (Einzelermächtigungen) möglich, auf dem ambulanten Versorgungsmarkt tätig zu werden. Mit privat versicherten Patienten rechnen die Krankenhäuser direkt ab.

Durch eine neue Gesetzgebung, welche am 01. Januar 2012 in Kraft getreten ist, hat sich dies nun verändert. Die neue Rechtslage erlaubt es den Krankenhäusern nach den §§ 115a[92], 115b[93] und 116b[94] SGB V, dass entsprechende Krankenhausleistungen wie ambulante Operationen, stationsersetzende Eingriffe oder spezialfachärztliche Versorgungen durch niedergelassene Vertragsärzte erbracht werden können. „Wird ein [niedergelassener Arzt zukünftig] von einem Krankenhaus beauftragt, eine vor- oder nachstationäre Behandlung zu erbringen, [muss diese Leistung vom Krankenhaus vergütet werden]".[95] [96]

4.1.2 Trägerstruktur des Krankenhausmarktes

Bezüglich der Trägerschaft der Krankenhäuser unterscheidet man in Deutschland grundlegend drei Arten:

a) Öffentliche Krankenhäuser: Diese Einrichtungen können sowohl in öffentlich-rechtlicher Form, als auch in privat-rechtlicher Form geführt werden. Die öffentlich-rechtlichen Krankenhäuser werden vorwiegend von Gebietskörperschaften wie Bund und Land betrieben, oder durch Zusammenschlüssen von Körperschaften wie Arbeitsgemeinschaften oder Zweckverbänden. Die privatrechtliche Form ist beispielsweise

---

[92] Vgl. http://www.sozialgesetzbuch-sgb.de/sgbv/115a.html, Stand: 10.03.2012
[93] Vgl. http://www.sozialgesetzbuch-sgb.de/sgbv/115b.html, Stand: 10.03.2012
[94] Vgl. http://www.sozialgesetzbuch-sgb.de/sgbv/116b.html, Stand: 10.03.2012
[95] http://www.aerzteblatt.de/archiv/117025, Stand: 29.02.2012
[96] Vgl. http://www.g-ba.de/institution/themenschwerpunkte/116b/, Stand: 10.03.2012

eine GmbH, bei der diese genannten Körperschaften oder Zusammenschlüsse mehr als 50% des Nennkapitals oder des Stimmrechts halten.

b) Freigemeinnützige Krankenhäuser: Sind Einrichtungen, die durch kirchliche Träger und Gemeinden, Stiftungen oder Vereinen betrieben werden.

c) Private Krankenhäuser: Einrichtungen, die als gewerbliches Unternehmen agieren und nach hohen Gewinnen streben.

Im Hinblick auf diese Vielfalt der Trägerschaft, ist es im KHG gesetzlich geregelt, dass die freigemeinnützigen und privaten gegenüber den öffentlichen Trägern nicht benachteiligt werden dürfen. Die Behörden jedes Bundeslandes sind somit angehalten die wirtschaftliche Existenz dieser Träger zu sichern.[97][98]

Im Jahr 2010 umfasste der deutsche Krankenhausmarkt 2.064 Krankenhäuser, davon lag der Anteil der freigemeinnützigen Krankenhäuser bei 36,6%, gefolgt von den privaten mit 32,9% und den öffentlichen mit 30.5%.[99]

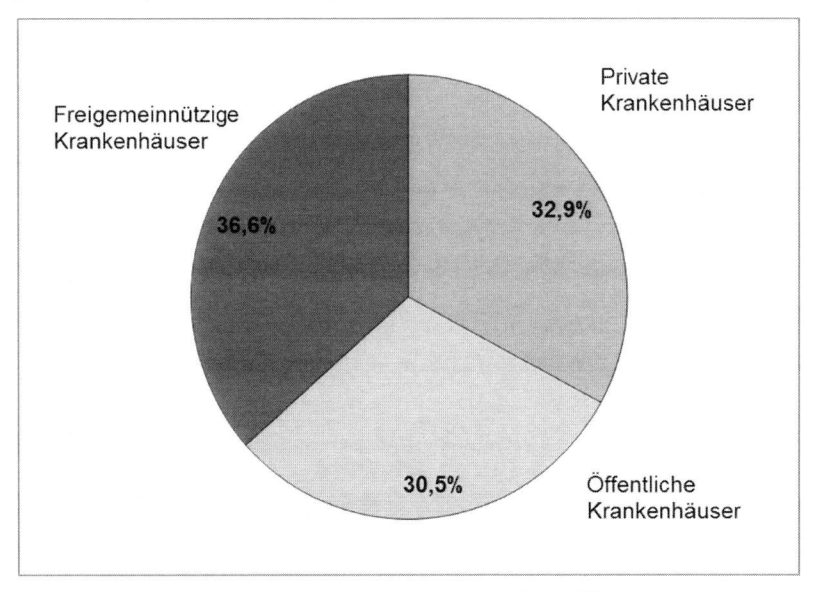

Abb.9: Krankenhäuser nach Trägerschaft 2009[100]

---

[97] Vgl. Hadamitzky, A. 2010, S.79
[98] Vgl. Tiemann, O., Schreyögg, J., Wörz, M. und Busse, R. 2010, S.50
[99] Vgl. Statistisches Bundesamt (Destatis) – Grunddaten der Krankenhäuser 2010 Fachserie 12 Reihe 6.1.1, S.9, Stand: 22.02.2012
[100] Eigene Darstellung basierend auf den Unterlagen des Statistischen Bundesamtes (Destatis) – Grunddaten der Krankenhäuser 2010 Fachserie 12 Reihe 6.1.1, S.9, Stand: 22.02.2012

Dabei ist zu sagen, dass sich der Anteil der privaten Trägerschaft seit 1991 (14,8%) mehr als verdoppelt hat. Hingegen ist der Sektor der öffentlichen Einrichtungen von 46% (1991)stark zurückgegangen. Fast unverändert dagegen ist der Anteil (1991: 39,1%) der freigemeinnützigen Krankenhäuser.[101]

4.1.3 Strategische Allianzen im Krankenhaussektor

Betrachtet man die Entwicklung der letzten zehn bis 20 Jahre, so ist zu erkennen, dass der technische Fortschritt zu einer grundsätzlichen Veränderung der Handlungsmechanismen zwischen den Unternehmen und deren Umwelt (Kunden, Lieferanten, Wettbewerb und Mitarbeiter) geführt hat. Im Fokus des unternehmerischen Handelns steht immer die Verstärkung des Markteinflusses durch die Bildung von Kooperationen. Wie in der Abbildung 10 zu sehen ist, hat dieser Wandel bereits in den 50er und 60er Jahren eingesetzt. Die klassische Vorstellung, dass ein Unternehmen ausschließlich allein auf dem Markt gegen andere Wettbewerber agiert, verblasste zusehends.

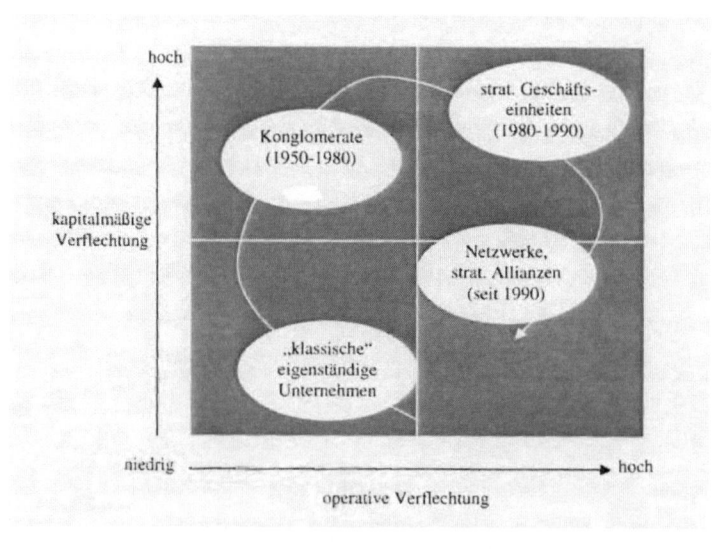

Abb.10: Vorherrschende Verflechtungsformen von Unternehmen[102]

Zwischen 1950-1990 war das Marktbild von Fusionen, Konglomeraten und strategischen Geschäftseinheiten geprägt. Bis schließlich in den 90er Jahren neue Kooperationsformen wie strategische Allianzen oder Netzwerke in den Vordergrund traten.

---

[101] Vgl. Statistisches Bundesamt (Destatis) – Grunddaten der Krankenhäuser 2010 Fachserie 12 Reihe 6.1.1, S.8-9, Stand: 22.02.2012
[102] Vera, A. 2010, S.131

Im deutschen Krankenhauswesen waren diese Formationen bislang aufgrund der geschichtlichen Entwicklung und der staatlichen Regulierung lange Zeit außen vor. Dies änderte sich jedoch schlagartig, als der Gesetzgeber bedingt durch die ansteigenden Kosten im Gesundheitssektor, neue Markt- und Wettbewerbselemente im Krankenhaussektor zuließ. Ein weiterer entscheidender Faktor ist dabei die neue Finanzierungsform der Krankenhäuser, welche „eine abrupte und schwerwiegende Veränderung der Umwelt" und der Existenz vieler Krankenhäuser mit sich brachte.[103] [104] Berücksichtigt man die Finanzmittelknappheit im Gesundheitssektor und den bestehenden hohen Bedarf an Krankenhausleistungen und Ansprüchen der Patienten, so wird klar, dass ein Krankenhaus dauerhaft nur überleben kann, wenn es hoch effizient wirtschaftet und arbeitet. Somit ist es für Krankenhausbetriebe durchaus reizvoll, mit anderen Einrichtungen Kooperationen eingehen, um somit langfristig strategisch und wirtschaftlich bestmöglich aufgestellt zu sein.[105]

Begriffsabgrenzung Strategische Allianzen

Strategische Allianzen werden als „freiwillige Vereinbarungen zwischen mehreren Unternehmen, die den Austausch, die gemeinsame Nutzung oder die gemeinsame Entwicklung von Produkten, Technologie oder Dienstleistungen zum Gegenstand haben" definiert.[106] Dabei handelt es sich grundsätzlich um langfristige Vereinbarungen, bei denen Unternehmen sich Vorteile in Effizienz, Profitabilität und gemeinsam entwickeltem Know-how versprechen. Um die Effizienz nachhaltig zu verbessern, muss entweder der Input verringert oder der Output erhöht werden. Zum Beispiel können die Erzielung von Größenvorteilen und das gemeinsame Nutzen von Ressourcen bei den Allianzpartnern zur Verringerung des Inputs beitragen. Die Steigerung des Outputs kann dagegen durch neue Markterschließungen realisiert werden. Auf lange Sicht bewirken diese Mechanismen eine höhere Profitabilität, da die Kosten gesenkt und durch die Erhöhung des Outputs die Umsätze erhöht werden. Ein weiterer Punkt, der die Profitabilität langfristig steigert ist, dass sich die Wettbewerbsposition auf dem Markt durch eine strategische Allianz deutlich verbessert. Einerseits kann man Wettbewerbsvorteile erzielen, anderseits wird die Marktposition gegenüber den Mitbewerbern gestärkt. Die strategischen Allianzen lassen sich anhand der Orientierung an der Branchenzugehörigkeit oder an der Wertschöpfungskette systematisieren.[107] Dabei gibt es drei Formen:

---

[103] Vgl. Vera, A. 2010, S.130-131
[104] Vera, A. 2010, S.131
[105] Vgl. Vera, A. 2010, S. 131-132
[106] Vera, A. 2010, S.132
[107] Vgl. Vera, A. 2010, S.132

a) vertikale Allianzen: „Zwischen Unternehmen aufeinander folgender Stufen der Wertschöpfungskette."

b) horizontale Allianzen: „Zwischen Unternehmen der gleichen Branche und Wertschöpfungsstufe."

c) diagonale Allianzen: „Zwischen Unternehmen unterschiedlicher Branchen und Wertschöpfungsstufen".[108]

Eine weitere Unterscheidungsform wird kapitalmäßigen Verbindungen getroffen. Sobald es zu einer Mehrheitsbeteiligung oder einer Fusion kommt, kann man nicht mehr von einer strategischen Allianz sprechen, da keine freiwillige Vereinbarung oder keine unterschiedlichen Unternehmen mehr vorliegen.

Management von strategischen Allianzen im Krankenhauswesen

Anhand der folgenden Abbildung werden die Lebensphasen und das Managen einer strategischen Allianz veranschaulicht. Grundsätzlich entscheiden immer die vorherrschenden Entwicklungen im Krankenhaussektor über die Entstehung, die Art und die Funktion einer strategischen Allianz.

| Entstehungsphase | Übergangsphase | Reifephase | "Kritische Scheidewege" |

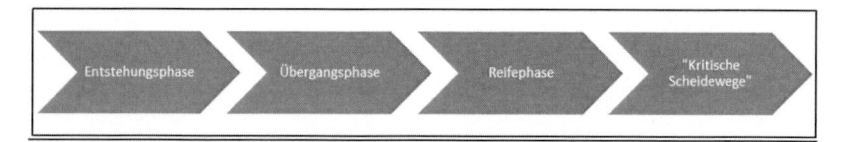

Abb.11: Lebenszyklus einer strategischen Allianz[109]

(1) Entstehungsphase:

Zu Beginn stellt das Management Überlegungen an, in wieweit eine strategische Allianz in Betracht kommt. Dazu wird ein Zielkatalog festgelegt, bei dem klar definiert wird, welche Ziele durch eine mögliche Kooperation erreicht werden sollen. „[Dazu gehören] z.B. Kosten-, Zeit- und Know-how-Vorteile[,] sowie die Aussicht auf eine Verringerung von Risiken".[110] Nachdem der Zielkatalog festgelegt wurde, lässt sich daraus schließen, welche Art einer strategischen Allianz in Frage kommt und mit welchen Partnern man zusammen arbeiten möchte. Für das Krankenhaus gilt es daher zu entscheiden, ob man entweder mit einem oder mehreren anderen Krankenhäusern (horizontale Allianz), oder einem Unternehmen aus der Pharma- od. Medizinbranche (diagonale Allianz) oder gar mit einem niedergelassen Arzt (vertikale Allianz) kooperie-

---

[108] Vera, A. 2010, S.132
[109] Vgl. Vera, A. 2010, S.141
[110] Vera, A. 2010, S.141

ren möchte. Essentiell ist hierbei, dass die möglichen zukünftigen Partner, je nach Art der Allianz, über eine ähnliche Unternehmenskultur verfügen oder die zu befolgenden Kriterien des Zielkataloges erfüllen. Nachdem diese Überlegungen abgeschlossen sind, werden unverbindliche Gespräche geführt, bei denen neben Vorteilen einer Kooperation auch mögliche Kosten und Risiken dargelegt werden.[111]

(2) Übergangsphase:

Sobald geklärt wurde, welche Art der Allianz entsteht und welche Partner ihr beitreten sollen, geht es daran die Rahmenbedingungen festzusetzen. Relevant ist hierbei die Frage, nach welchen Mechanismen die Allianz gestaltet und koordiniert werden soll, damit ihre Ziele erreicht werden. Diese gilt es dann vertraglich und rechtlich festzulegen. Da die gemeinsame Nutzung von Ressourcen zu einem der obersten Ziele einer Allianz gehört, muss die Verteilung dieser ebenfalls vertraglich festgelegt werden. Hierbei kommt es darauf an, dass sowohl die Bereitschaft zur Ressourceneinbringung, als auch das gegenseitige Vertrauen der Partner untereinander gegeben ist. Nur so lässt sich das Problem verhindern, dass ein Partner versucht nur wenig Ressourcen einzubringen, aber von anderen Allianzpartner und deren eingebrachten Ressourcen profitieren will. Für die Gestaltung der Ressourcenzuordnung gibt es zwei Formen. Zum einen die gepoolte Ressourcennutzung, bei der Ressourcen in einen eigenständigen Pool eingebracht werden. Diese Form ist meist bei Forschungs- und Entwicklungsallianzen vorrätig, die zum Beispiel Labore und Räumlichkeiten für gemeinsame Arbeiten nutzen. Die andere Form ist die getrennte Ressourcennutzung, bei dieser Form wird auf einen gemeinsamen Pool verzichtet und die Ressourcen bleiben räumlich voneinander getrennt. Dies bietet sich meist bei sogenannten Krankenhausallianzen an, die kostenintensive Großgeräte gemeinschaftlich Nutzen, aber ihre Arbeiten getrennt voneinander ausführen. Nachdem die Rahmenbedingungen und die Ressourcenverteilung vertraglich festgelegt wurden, kommt es nun darauf an, ein Führungsgremium oder -organ für die Allianz zu bilden. Bei kleineren Krankenhausallianzen setzt sich das Führungsgremium aus den obersten Führungsinstanzen der beteiligten Krankenhäuser zusammen. Grundsätzlich gilt es zu klären, ob die Führungsposition durch einen ärztlichen oder kaufmännischen Direktor besetzt werden soll. Grundlegend sollten sowohl betriebswirtschaftliche, als auch medizinische Fachkenntnisse in die Führung einer strategischen Krankenhausallianz mit einfließen.[112]

---

[111] Vgl. Vera, A. 2010, S.141f
[112] Vgl. Vera, A. 2010, S.141ff

(3) Reifephase:

Im Übergang von Übergangsphase und Reifephase „gewinnt die strategische Allianz an Stabilität".[113] Zu den Gründen zählen zum einen das gewonnene Vertrauen und die positiven Erfahrungen zwischen den kooperierenden Partnern und zum anderen wirkt sich die Kooperation allmählich positiv auf das wirtschaftliche Ergebnis aus. Dabei ist es für die Allianz existenziell wichtig, dass die neu geschaffenen Werte fair an alle kooperierenden Partner verteilt werden. Anderenfalls wäre die Allianz schon frühzeitig beendet worden.

Im Laufe der Zeit schließen sich der Allianz neue Kooperationspartner an und es treten neue Herausforderungen auf. Es können Konkurrenzbeziehungen entstehen, hervorgerufen durch Gebietsüberschneidungen zwischen Krankenhäusern beim Patienteneinzug. Diese können für die Allianz vorteilhaft sein, aus Sicht des einzelnen Mitgliedes jedoch inakzeptabel. Des Weiteren können neue gesetzliche Reformen zu regelmäßigen Konflikten in einer Allianz führen. Um diese neuen Herausforderungen zu bewältigen, sind die Mechanismen des Führungsgremiums gefragt. Doch auch diese Instanz ist dem Wachstum und den Veränderungen der Allianz ausgesetzt. Denn mit steigender Größe der Allianz sind zunehmend mehr Personen an der Entscheidungsfindung beteiligt, was sich dann durchaus erschwerend und verlangsamend auswirken kann. Zudem kommt meist hinzu, dass sich der Koordinations- und Zeitaufwand erhöht. Dies kann dazu führen, dass das Führungsgremium nicht mehr allen Verpflichtungen gegenüber einzelnen Mitgliedern nachkommen kann. Um dies zu verhindern ist es erforderlich, ein Team zu bilden, das dem Führungsgremium bei operativen und taktischen Aufgaben unterstützend zur Seite steht. So kann sich das Gremium allein auf strategische Aspekte konzentrieren. Dabei sollte auch hier beachtet werden, dass die personelle Besetzung des unterstützenden Teams über medizinischen Sachverstand verfügt. Denn nur so ist es schlussendlich möglich die strategische Allianz zielorientiert zu steuern.[114]

---

[113] Vera, A. 2010, S.143
[114] Vgl. Vera, A. 2010, S.143ff

(4) ‚Kritische Scheidewege':

Sobald eine strategische Allianz die Reifephase erreicht hat, wird nach einer gewissen Zeit der Punkt erreicht, an dem die beteiligten Krankenhäuser vor sogenannten ‚kritischen Scheidewegen' stehen. Dabei gilt es abzuwägen, ob die bisherige Form der strategischen Allianz immer noch passend ist. Der Verlust der Eigenständigkeit und die starke Abhängigkeit von der Allianz oder den Mitgliedern sind einige der Gründe warum sich ein Krankenhaus dazu entschließt die Kooperation zu beenden. Zudem können Probleme bzgl. der Ressourcenverordnung dazu beitragen, dass es zwischen Krankenhäusern zu Konflikten kommt, Krankenhäuser daraufhin austreten oder gar ein Auseinanderbrechen der Allianz die Folge ist.

Ein gegenläufiger Effekt wäre es, wenn es zwischen den Partner zu einer kapitalmäßigen Verflechtung kommt. Das kann bedingt durch eine Fusion sein, bei der die beteiligten Krankenhäuser ihre rechtliche Eigenständigkeit verlieren oder durch die Bildung eines Konzerns, bei dem die beteiligten Einrichtungen als Tochtergesellschaften fungieren.

Je nachdem in welche Richtung sich eine Allianz entwickelt, sie kann danach nicht mehr existieren. Somit zeigt sich, dass eine strategische Allianz zwar auf unbestimmte Zeit geplant werden kann, aber ihre Lebensdauer in den meisten Fällen doch begrenzt ist. Diese Entwicklungen müssen in den Planungen der Krankenhäuser und deren Management berücksichtigt werden. Hierbei spricht Antonio Vera von sogenannten Exit-Optionen, um auf diese unerwarteten Entwicklungen vorbereitet zu sein.[115]

<ins>Formen von strategischen Allianzen im Krankenhauswesen</ins>

Im Krankenhaussektor gibt es verschiedene Art und Weisen, wie Krankenhäuser ihre strategischen Allianzen eingehen können. Betrachtet man die Wertschöpfungskette so ergeben sich auch hier, wie in Abbildung 12 dargestellt, vertikale, horizontale und diagonale Allianzen.

---

[115] Vgl. Vera, A. 2010, S.145f

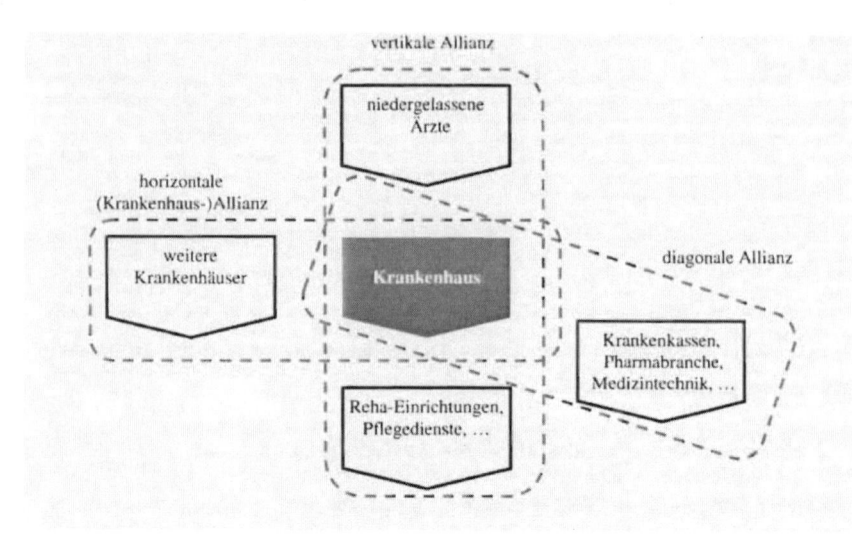

Abb.12: Strategische Allianzen im Krankenhauswesen[116]

(1) Horizontale Allianzen:

Krankenhausallianz genannt, ist eine Allianz bei der ein Krankenhaus mit einem oder mehreren Krankenhäusern verknüpft ist. Oberstes Ziel ist die Größe und Anzahl aus der sich eine Allianz zusammensetzt. Je nach Größe sichert man sich so einen größeren Marktanteil, als Krankenhäuser die keiner sogenannten Krankenhausallianz angehören. Durch diese Stellung auf dem Markt, hat eine Krankenhausallianz eine stärkere Verhandlungsmacht gegenüber Zulieferern und Kostenträgern. Neben dem Marktvorteil, vergrößert sich auch die Reichweite des Einzugsgebietes und damit die Anzahl der behandelten Patienten. Für die Allianz zugehörigen Krankenhäuser erleichtert sich somit zum einen der Verwaltungsaufwand, da sich die Häuser speziell auf die Patienten und deren Behandlungen konzentrieren können und zum anderen können Kosten gesenkt und gleichbleibende Qualitätsmerkmale erzielt werden. Denn je größer eine Krankenhausallianz ist, umso größer ist auch das Leistungsspektrum, das angeboten werden kann und die Möglichkeit für die Anschaffung kostenintensiver Gerätschaften. All diese Faktoren steigern gleichzeitig die Attraktivität gegenüber Patienten und Kostenträgern. Allerdings muss man dabei gegenläufige Effekte berücksichtigen. Diese sind in der Regel ein erhöhter Koordinations- und Abstimmungsaufwand. Im Ganzen zeigt sich jedoch, dass ein Krankenhaus mit Beitritt in eine Kranken-

---

[116] Vera, A. 2010, S.138

hausallianz deutlich die eigene Wettbewerbsposition und die Ressourcennutzung verbessert.[117]

(2) Vertikale Allianzen:

Bei vertikalen Allianzen werden neben dem Größenvorteil noch weitere Ziele betrachtet. Zum einen die Versorgung mit Patienten durch die Zuweisung eines niedergelassen Arztes und zum anderen die Weitergabe von Patienten die eine post-stationäre Behandlung in Reha-Einrichtungen benötigen. Beginnend mit der Versorgung eines Patienten des Krankenhauses zeigt sich, dass die ‚Einweisungsmacht' der niedergelassenen Ärzte in Bezug auf die Wettbewerbsposition eines Krankenhauses nicht unterschätzt werden darf. Sinnbildlich ist dabei, dass Krankenhäuser und niedergelassene Ärzte für bestimmte Patienten die Nahtstelle zwischen ambulanter und stationärer Versorgung darstellen. Um einen gezielten und langfristigen Patientenzufluss zu sichern, ist es meistens von Vorteil, wenn die Krankenhäuser Kooperationsverträge mit den niedergelassenen Ärzten aushandeln. Am Ende einer stationären Behandlung im Krankenhaus, ist meist noch eine Rehabilitationsbehandlung nötig. Diese Leistungen werden am Ende der Wertschöpfungskette durch ambulante Pflegedienste oder Reha-Einrichtungen erbracht. Hierbei hat das Krankenhaus die Möglichkeit mit einer Überweisung an einen dieser Träger den stationären Aufenthalt des Patienten zu verkürzen und benötige Kapazitäten zu schaffen.[118]

(3) Diagonale Allianzen:

Im Fall von diagonalen Allianzen geht es grundlegend um Kooperationen mit Krankenkassen, der Pharmabranche oder Medizintechnikunternehmen. Hierbei ist aus Sicht der Krankenhäuser vor allem eine Kooperation mit den Krankenkassen besonders reizvoll. Dabei bietet es sich an, behandlungsübergreifende Bereiche wie ambulante, stationäre oder post-stationäre Leistungen strategisch und finanziell zu verknüpfen. Andernfalls ist gesetzlich festgelegt, dass strategische Allianzen zwischen Krankenhaus und Krankenkassen nicht über einzelne Leistungsvergütungen existieren dürfen. Neben den gesetzlichen Krankenkassen sind die privaten Krankenversicherungen für Krankenhäuser noch ein Stück weit attraktiver. Sie übernehmen zwar nur einen verhältnismäßig geringen Teil der Patientenfinanzierung in Deutschland, unterliegen dabei aber einer deutlich geringeren Regulierung und verfügen somit über einen viel größeren Gestaltungsraum einer Kooperationsmöglichkeit.[119]

---

[117] Vgl. Vera, A. 2010, S.137f
[118] Vgl. Vera, A. 2010, S.139
[119] Vgl. Vera, A. 2010, S.139f

Nachdem die Verbindung zwischen Krankenhaus und Krankenkassen erläutert wurde, kommt nun der Punkt der Kooperation zu Unternehmen aus der Pharma- und Medizintechnikbranche. Hierbei steht speziell die gemeinsame Entwicklung von neuen, innovativen Behandlungs- und Diagnosemethoden im Mittelpunkt. In Anbetracht des rasanten Fortschritts und der steigenden Kosten für die Entwicklung von Medikamenten und Gerätschaften, ist solch eine Kooperation durchaus von hoher Bedeutung. Diese Form der strategischen Allianz ermöglicht für die Krankenhäuser neben dem schnelleren Zugriff von neuem Know-how, auch die Möglichkeit der stärkeren Anteilnahme am zukünftigen Forschungs- und Entwicklungsprozess. Somit sollte sich langfristig auch hier eine Verbesserung der Marktposition für das Krankenhaus ergeben.[120]

4.2 Finanzierung von Krankenhausleistungen

4.2.1 Krankenhausfinanzierung bis zur Gesundheitsreform 2000

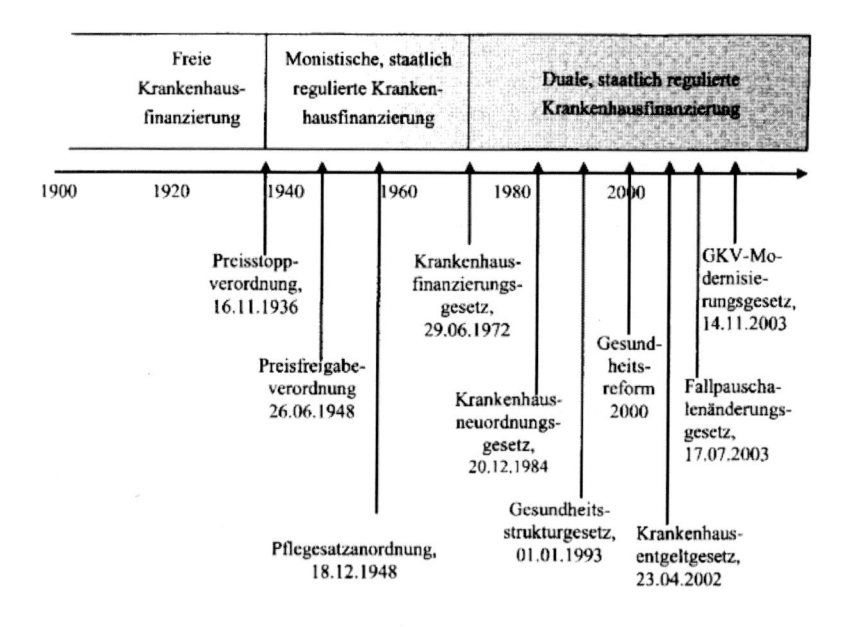

Abb.13: Phasen der Krankenhausfinanzierung[121]

---

[120] Vgl. Vera, A. 2010, S.137ff
[121] Fleßa, S., S. 2007, S.131

Die gesetzlichen Rahmenbedingungen für die Finanzierung des Krankenhausmarktes sind im Laufe des letzten Jahrhunderts häufig reformiert wurden. Grundlegende Elemente dieser Reformen waren dabei einerseits die monistische und duale Finanzierung, anderseits die Vergütung durch Pflegesätze und Pauschalen.

Monistik versus Dualistik

In Deutschland wurden die Leistungen der Krankenhäuser bis 1972 grundsätzlich allein durch die Krankenkassen monistisch finanziert. Unter der Philosophie der Monistik versteht man ein Vergütungssystem, bei dem ein Kostenträger die alleinige volle Verantwortung für die Betriebs- und Investitionskosten der Krankenhäuser hat. Dies bedeutete jedoch nicht, dass der Staat grundsätzlich von der Krankenhausfinanzierung ausgeschlossen war. Zum Prinzip der Monistik gehörte, dass die Krankenkassen durch den Staat finanziell mit unterstützt wurden, aber den Krankenhäusern keine weitere direkte Finanzbeziehung zu anderen Akteuren zu stand. Grundlegendes Ziel der Monistik war dabei die Finanzierung der allgemeinen Krankenhausleistungen gegenüber den gesetzlichen Versicherten. Privatversicherte und Selbstzahler müssen hingegen eine Zuschlagszahlung leisten. Durch die Veränderungen der wirtschaftlichen Rahmenbedingungen in den 60er Jahren, wurde das Modell der Monistik 1972 durch die Dualistik abgelöst. Die Krankenhausfinanzierung auf Basis der Krankenkassen hatte nicht mehr genügt, um dem technischen Fortschritt und dem steigenden Lebensstandard gerecht zu werden. Durch das zustande kommen eines Investitionsstaus, sah sich der Staat in der Pflicht, nach dem Sozialstaatsprinzip zu handeln und übernahm die Verantwortung für die wirtschaftliche Sicherung der Krankenhäuser und die Regelung von sozial tragbaren Pflegesätzen.[122]

Im Gegensatz zur Monistik, erfolgt bei der dualistischen Finanzierung eine Trennung der Finanzquellen in Krankenkassen und Staat. Hierbei übernimmt der Staat die Finanzierung der Investitionen und die Krankenkassen tragen die Betriebskosten.[123]

---
[122] Vgl. Fleßa, S., S. 2007, S.106ff
[123] Vgl. Fleßa, S., S. 2007, S.107

```
        Monistik                    |              Dualistik

          ┌─────────┐                │              ┌─────────┐
          │  Staat  │                │              │  Staat  │
          └─────────┘                │              └─────────┘
       Evtl. Refinanzierung          │           Direkte Finanzierung
   ┌──────────────────┐              │        ┌──────────────────┐
   │    Gesetzliche   │              │        │    Gesetzliche   │
   │ Krankenversicherung │           │        │ Krankenversicherung │
   └──────────────────┘              │        └──────────────────┘
          Finanzierung               │              Finanzierung
   ┌──────────────────┐              │        ┌──────────────────┐
   │   KRANKENHAUS    │              │        │   KRANKENHAUS    │
   └──────────────────┘              │        └──────────────────┘
```

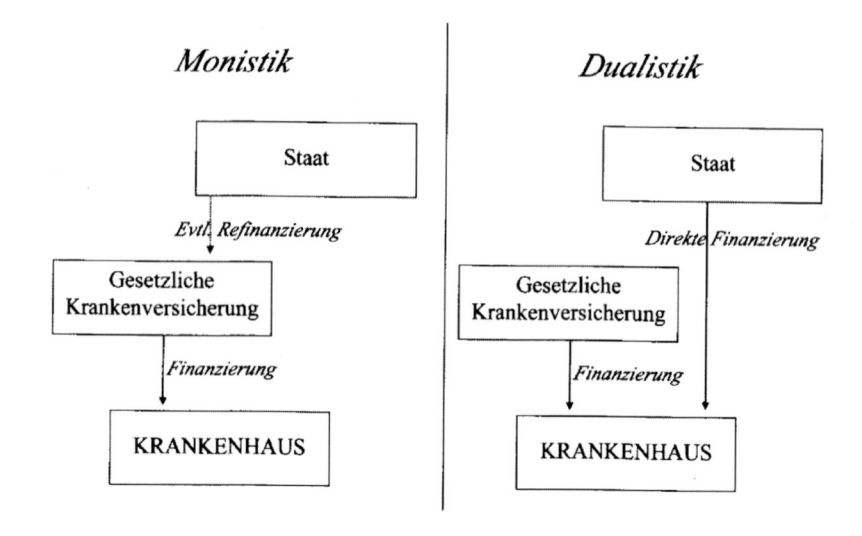

Abb.14: Prinzip der Monistik und Dualistik[124]

Die Neustrukturierung der Krankenhausfinanzierung in Form der Dualistik sollte dazu beitragen, dass schnell wieder neue Finanzmittel vorhanden waren, um Investitionen im Krankenhaussektor voran zu treiben. So entschied man sich gleichermaßen zu einer Form von Mischfinanzierung. Diese sah vor, dass Bund und Länder jeweils 1/3 der Investitionskosten tragen sollten. Doch die Lage auf dem deutschen Krankenhausmarkt verbesserte sich nicht, sondern nahm immer mehr an Dramatik zu. So stiegen die Kosten in den 70er Jahren sowohl im ambulanten, als auch im stationären Bereich impulsiv an. Zudem verschlechterte sich die Investitionsproblematik. Laut verschiedener Quellen beläuft sich der aktuelle Investitionsstau mittlerweile auf bis zu 50 Mrd. EUR.[125] [126] Um die Lage zu verdeutlichen, betrachtet man die Zahlen aus dem Jahr 2004, bei dem die Investitionsförderung bei 2,8 Mrd. EUR lag. Dadurch wird spürbar, dass der Staat diese Lücke nicht mehr alleine schließen kann.[127] Nach zahlreichen „Kostendämpfungsgesetzen", welche wirkungslos blieben, brachte das Krankenhausneuordnungsgesetz im Jahr 1984 erstmals effektvoll Änderungen. Die Mischfinanzierung wurde abgeschafft und die alleinige Verantwortung ging auf die

---

[124] Fleßa, S., S. 2007, S.108
[125] Vgl. Da-Cruz, P., P. 2010, S.106
[126] Vgl. http://www.welt.de/wirtschaft/article8118147/Investitionsstau-in-Kliniken-Patienten-leiden.html, Stand: 12.03.2012
[127] Vgl. Fleßa, S., S. 2010, S.109

Länder über. Des Weiteren wurden die Rahmenbedingungen für die Einführung eines Pflegesatzverfahrens geschaffen.[128]

Pflegesätze und Pauschalen

Mit dem Krankenhausneuordnungsgesetz wurde die staatliche Fixierung der Pflegesätze aufgehoben und zur individuellen Verhandlung zwischen Krankenhaus und Krankenkassen freigegeben. Zuvor hatten die Krankenhäuser ihre tatsächlich angefallenen Ist-Kosten den Krankenkassen gemeldet und nun wurden vorkalkulierte Selbstkosten eines sparsam wirtschaftenden Krankenhauses erstattet. Dies hatte den Vorteil, dass ein Krankenhaus durchaus Gewinne erwirtschaften konnte, solang die Durchschnittskosten pro Pflegetag unter den vorher festgelegten Pflegesatz blieben.[129]

Doch bereits kurz nach der Einführung dieses Verfahrens mit tagesgleichen Pflegesätzen zeigte sich ein schwerwiegender Nachteil. In Abbildung 15 wird dieses Problem deutlich gemacht. Grundsätzlich sind die Tageskosten in den ersten Tagen bedingt durch Aufnahme, Diagnostik, Operation und Pflege überproportional hoch. Doch je gesünder der Patient ist, umso geringer sind die Tageskosten. Im Idealfall sind die Pflegesätze so kalkuliert, dass sobald sich die Kosten und Erlöse decken, der Patient entlassen wird. Umso später der Patient entlassen wird, umso mehr Überschuss kann das Krankenhaus erwirtschaften. Dem zu Folge hatten die Krankenhäuser das Interesse, die Verweildauer des Patienten so lang wie möglich hinaus zu zögern. Nach kurzer Zeit führte dieses Problem dazu, dass es zu sowohl zu langen Aufenthaltszeiten und hohen gesamtwirtschaftlichen Kosten kam. Schlussfolgernd daraus kam es ab 1986 zur stufenweisen Einführung fallpauschalierter Entgelte.[130]

---

[128] Vgl. Fleßa, S., S. 2007, S.133
[129] Vgl. Fleßa, S., S. 2007, S.112ff
[130] Vgl. Fleßa, S., S. 2007, S.112ff

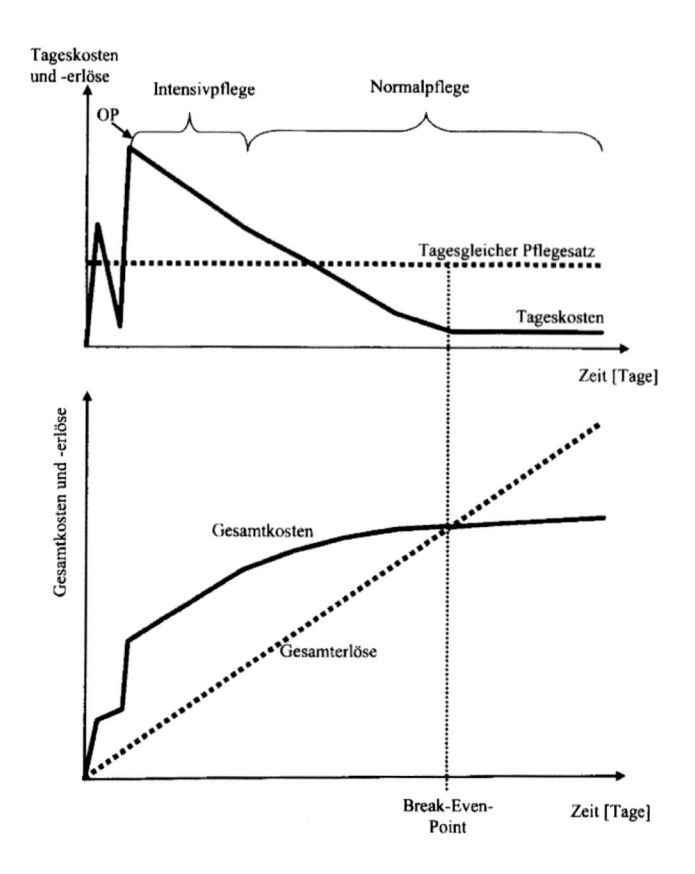

Abb.15: Kosten und Entgelte bei tagesgleichen Pflegesätzen[131]

Durch eine schwere Krise der gesetzlichen Krankenversicherung, wurde 1993 das Gesundheitsstrukturgesetz erlassen. Es diente der weiteren Sicherung und Stabilisierung der gesetzlichen Krankenkassen. Durch das Gesetz wurden Fallpauschalen definiert, die den vollen Kostenumfang von Operationen und kostenintensiven Eingriffen abdecken sollten. Somit entfielen gleichermaßen individuelle Preisverhandlungen mit den Krankenkassen. Durch dieses System mit einer festen Fallpauschale, welche unabhängig von der Verweildauer gezahlt wurde, gab es für die Krankenhäuser keinen Anreiz mehr den Aufenthalt der Patienten unnötig in die Länge zu ziehen. In den folgenden Jahren stagnierte das gesamte Versorgungsbudget und es zeigten sich erneut Risse im System auf. Denn das Budget wurde ohne Berücksichtigung auf die individuelle Lage und Entwicklung der Krankenhäuser und der Bevölkerung gewählt.

---

[131] Fleßa, S., S. 2007, S.114

Es folgte ein erneuter Kostenanstieg, mit besonderem Fokus auf Ostdeutschland. Dort gab es im Laufe der 90er Jahre starken Nachholbedarf auf dem Krankenhausmarkt. In Folge dessen wurden immer wieder neue Budgetgrenzen und Gesetze zur Stabilisierung der Krankenhausausgaben beschlossen.[132]

Zusammenfassend lässt sich sagen, dass die ständigen Reformen, Gesetze und Verordnungen in den Jahren 1972 bis 1999 einen großen Einfluss auf die Planung und Steuerung der Krankenhäuser genommen haben.[133]

4.2.2 Planung und Einführung eines DRG-basierten Entgeltsystems ab 2000

Mit der Gesundheitsreform die am 1.1.2000 in Kraft trat, bewirkte die Bundesregierung eine der umfassendsten Reformen im Gesundheitswesen. Diese Reform hatte folgende Schwerpunkte:

a) die Sicherung einer solidarischen Krankenversicherung,

b) eine qualitativ hochwertige, zweckmäßige und wirtschaftliche Gesundheitsversorgung,

c) die Stärkung der Patientenrechte, der Gesundheitsförderung, Vorsorge und Rehabilitation,

d) ein effizienterer Finanzmitteleinsatz mit dauerhaft stabilen Beitragssätzen,

e) eine Positivliste für Arzneimittel,

f) die Stärkung der hausärztlichen Versorgung,

g) und die Qualitätssicherung bei Krankenhäusern.[134] [135]

Aber die grundlegend entscheidende Festlegung bestand darin, dass ab 2003 ein fallpauschalbasiertes Entgeltsystem eingeführt werden sollte. Grundsätzlich ging es um die Vergütung der allgemeinen stationären Krankenhausleistungen die pro Behandlung anfallen. Darüber hinaus sollten diese Behandlungsfälle durchgängig, leistungsorientiert und pauschalisierend bundeseinheitlich bestimmt und je nach regionalem Punktwert vergütet werden. Als Vorbild dieser Überlegungen diente ein bereits international eingesetztes Vergütungssystem, welches auf den Diagnosis Related Groups (nachfol-

---
[132] Vgl. Fleßa, S., 2007, S.133f
[133] Vgl. Fleßa, S., 2007, S. 134
[134] Vgl. http://www.wirtschaftslexikon24.net/d/gkv-gesundheitsreform-2000/gkv-gesundheitsreform-2000.htm, Stand: 15.03.2012
[135] Vgl. Fleßa, S., 2007, S.135

gend DRG genannt) basiert und mit den Punktwerten sowie den medizinischen Entwicklungen und Kostenstrukturen angepasst wurde. Mit Einführung dieses Entgeltsystem wendete man sich endgültig von der Finanzierung durch Pflegesätze ab.[136]

Bis zur endgültigen Einführung des neuen Systems, gab die Gesundheitsreform einen straffen Zeitplan vor:

1. Phase: In der ersten Planungsphase ging es darum, bis zum 30. Juni 2000 die grundlegenden Strukturen für das neue Vergütungssystem zu schaffen. Dabei ging es vor allem darum, die Verfahren für die Ermittlung der Fallgruppen und deren Bewertungsrelationen zu definieren. Vorbild für das deutsche Krankenhauswesen war dabei das australische DRG-System.[137]

2. Phase: Nachdem die Grundzüge des DRG-basiertem Entgeltsystems bestimmt wurden, sollten bis zum 31. Dezember 2001 die Bewertungsrelationen sowie die Zu- und Abschläge auf Bundesebene festgelegt werden. Nach diesem Schritt, wurde die neue Krankenhausfinanzierung auf Basis von Fallpauschalen, Sonderentgelten und dem Pflegesatzbudget im Krankenhausentgeltgesetz von 2002 gefestigt. Im späteren Verlauf zeigte sich, dass die neue Gesundheitsreform im Bereich der gesetzlichen Krankenversicherung nur kurzzeitig die Kosten konsolidieren konnte. Somit erfolgte bereits im Jahr 2003 eine neue Reform im Bereich der gesetzlichen Krankenkassen mit in Kraft treten des GKV-Modernisierungsgesetzes. Eines der wesentlichsten Bestandteile dieser Reform war die Einführung der Praxisgebühr.[138] [139]

3. Phase: Nachdem das Krankenhausentgeltgesetz in Kraft trat, war im Zeitplan die Fertigstellung der Entgeltkataloge bis zum 1. Oktober 2002 vorgesehen. Danach folgte Anfang 2003 die übergangsmäßige Einführung des DRG-Systems. Im Jahr 2003 wurde den Krankenhäusern jedoch nur freigestellt, ob sie nach dem neuen System oder der bisherigen Bundespflegesatzverordnung (BPflV) finanziert werden. Erst ab dem 1. Januar 2004 galt die gesetzliche Verpflichtung für die Krankenhäuser das neue Entgeltsystem einzuführen.[140]

4.2.2.1 Diagnosis Related Groups

Die Diagnosis Related Groups oder im deutschen diagnosebezogene Fallgruppen genannt, bilden ein medizinisches Klassifizierungssystem ab. Grundlegend werden in

---

[136] Vgl. Fleßa, S., S. 2007, S.135f
[137] Vgl. Fleßa, S. 2007, S.136
[138] Vgl. Fleßa, S. 2007, S.136f
[139] Vgl. http://www.wirtschaftslexikon24.net/d/gkv-modernisierungsgesetz/gkv-modernisierungsgesetz.htm, Stand: 15.03.2012
[140] Vgl. Fleßa, S. 2007, S. 136f

einer DRG alle Leistungen zu einem Fall zusammengefasst, die für den einzelnen Behandlungsfall in Verbindung miteinander stehen und „durch ähnliche durchschnittliche Kosten gekennzeichnet sind".[141] Diesen Vorgang nennt man Gruppierung. Die Gruppierung wird dabei durch eine Software namens ‚Grouper' unterstützt. Für die Zuordnung zu einem Fall benötigt die Software folgende Elemente: die Haupt- und Nebendiagnose, die durchgeführten Prozeduren in Form von Operationen und Untersuchungen, sowie die Art der Entlassung, welche in normal, verstorben oder verlegt definiert ist. Sobald dieser Prozess abgeschlossen ist, folgt die Preisfindung einer DRG. Dabei setzt sich der Preis einer DRG durch die Multiplikation von Bewertungsrelation und Basisfallwert zusammen. Für die Kalkulation und Preisermittlung ist in Deutschland das Institut für das Entgeltsystem im Krankenhaus (InEK) zuständig. Grundlegend wird jede DRG zuerst einer Bewertungsrelation zugeordnet und entsprechend gewichtet. Ausgangspunkt dabei ist der gewichtete Mittelwert von allen durch die deutschen Krankenhäuser gemeldeten durchschnittlichen Kosten sämtlicher Behandlungsfälle.[142] Dieser wird als Relativgewicht mit 1,0 angegeben und ggf. durch den Case-Mix-Index (CSI) spezifiziert. Der Case-Mix-Index dient als Bezugsgröße für den Schweregrad und die Komplexität alle Behandlungsfälle. Sollten beispielsweise die Kosten einer DRG 20% höher sein als der Durchschnitt aller Behandlungsfälle, so wird die DRG mit 1,2 gewichtet. Das Relativgewicht kann jedoch aufgrund der jährlichen Anpassung des DRG-Budgets variieren. [143] [144] [145]

Anders als bei der Bewertungsrelation, werden die Basisfallwerte auf Bundeslandebene gebildet. Hierbei ermitteln Krankenhausgesellschaft und die Landesverbände der Krankenkassen einen einheitlichen Landesbasisfallwert.

Somit ergibt sich folgende Beispielrechnung:

DRG I29Z (Komplexe Eingriffe am Schultergelenk) mit dem Relativgewicht von 1,040 und einem Basisfallwert von 3.036,02 EUR folgender Erlös:[146]

3.036,02 x 1,040 = 3.157,46 EUR

Zu- und Abschläge

Sobald ein Patient die Normverweildauer unter- oder überschreitet, müssen Zu- oder Abschläge zum Relativgewicht verrechnet werden. Diese Zu- oder Abschläge werden

---

[141] Da-Cruz, P. 2010, S.140
[142] Vgl. http://www.gesetze-im-internet.de/khentgg/__21.html, Stand: 05.03.2012
[143] Vgl. Da-Cruz, P. 2010, S.140f
[144] Vgl. Fleßa, S. 2007, S.142ff
[145] Vgl. Neubauer, G., Ujlaky, R. und Beivers, A. 2010, S.240ff
[146] DRG-Berechnungsbeispiel des Klinikums der Universität München - http://www.klinikum.uni-muenchen.de/download/de/Klinikaufenthalt/Preisliste_2012-0101.pdf, Stand: 05.03.2012

dann pro Tag dem Entgelt aufaddiert oder abgezogen. Bei Betrachtung der Zuschläge erweckt es den Eindruck, dass es durchaus sinnvoll wäre, den Patienten so lang wie möglich im Krankenhaushaus zu behalten. Jedoch sind die Zuschläge so kalkuliert, dass sie gerade noch so eine Kostendeckung erlauben. Somit besteht für die Krankenhäuser der Anreiz die Aufenthaltsdauer der Patienten zu reduzieren.[147]

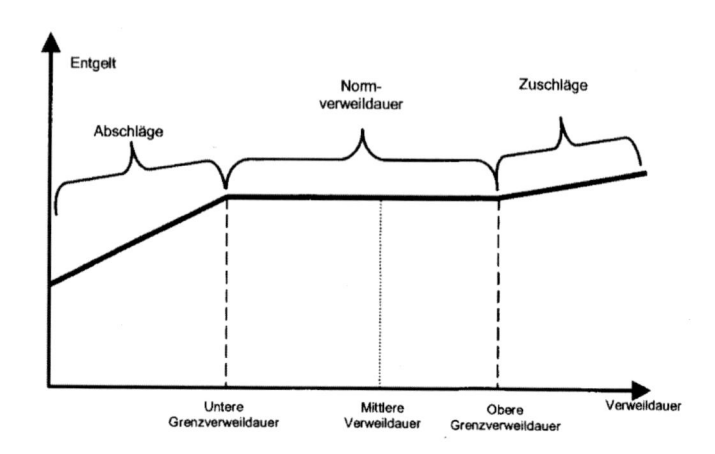

Abb.16: Entgelt in Abhängigkeit von der Verweildauer[148]

4.2.2.2 Nutzen des neuen Systems

„Wirtschaftlichkeit, Transparenz und Qualität bilden die Eckpfeiler, die mit der Entwicklung und Einführung eines deutschen G-DRG-Fallpauschalsystem im Krankenhausbereich gleichermaßen gefördert [und optimiert] werden sollen."[149] Wesentlichen Nutzen erlangte man dabei im Bereich des Leistungsgeschehens. Die neue Transparenz ermöglichte eine neue Produktdefinition, wobei eine Beziehung zwischen Diagnosen und Eingriffen hergestellt werden konnte. So war es unter anderem durch das neue DRG-System möglich, selbst an sich gleiche Hauptdiagnosen in unterschiedliche Schweregrade zu unterteilen. Frühere Gesetzgebungen kannten keine Unterscheidung nach Nebendiagnosen und Komplikationen, doch unter dem neuem System war das nun möglich. Zudem hat man nicht nur einen Einblick über die Zahl der behandelten Patienten, sondern auch über die Anzahl der Operationen und eventuell aufgetretenen

---

[147] Fleßa, S. 2007, S.152ff
[148] Fleßa, S. 2007, S.153
[149] Rau, F., Roeder, N., Hensen, P. 2009, S.10

Komplikationen. Der Einfluss der neugewonnen Transparenz hatte eine Auswirkung auf die Struktur- und Qualitätsveränderung des Krankenhaussektors. Das Leistungsniveau, sowie die Stärken und Schwächen eines Krankenhauses und deren Abteilungen wurden sichtbar. Durch die Kontrollier- und Nachvollzierbarkeit seitens des Umfeldes rückte die Steigerung und Sicherung der Qualität in den Fokus.[150]

Neben der Transparenz und Qualität, stand verstärkt die Verbesserung der Wirtschaftlichkeit in der Krankenhausversorgung im Mittelpunkt. Durch die Festlegung der Preise im Vergütungssystem, ging es nun vermehrt darum das Kosten-Nutzen-Verhältnis zu optimieren. Dabei sollte vor allem die Effizienz der leistungsgerechten Mittelverteilung gesteigert werden. Ein Behandlungsfall wird unabhängig von Behandlungsort, Fachabteilung oder Aufenthalt nur pauschal vergütet. Bestimmte Zusatzleistungen nur dann, wenn sie über bestimmte Gruppierungskriterien abgebildet werden. Somit ist es von hoher Bedeutung, ein vorgegebenes Ziel mit dem geringsten Mitteleinsatz zu erreichen. Schlussendlich bewirkt die Optimierung von Behandlung und Verweildauer einerseits eine Senkung der Kosten, andererseits führt es zu einer Reduzierung von Überkapazitäten.[151]

4.3 Auswirkungen der DRG-Einführung in Deutschland

4.3.1 Auswirkung auf die Organisation der Krankenhäuser

Die verbindliche Einführung des DRG-Entgeltsystems hat zu vielen Veränderungen in den verschiedensten Bereichen des Gesundheitswesens geführt. Besonders weitreichende Auswirkungen gab es dabei auf dem deutschen Krankenhausmarkt. Durch die Finanzmittelknappheit der öffentlichen Haushalte und die bisherigen Überkapazitäten hat sich der Wettbewerb zwischen den Krankenhäusern weiter verschärft. So wurde die Krankenhauslandschaft im Laufe der Jahre seit der Einführung von DRGs durch weitere Privatisierungen, Fusionen und Schließungen geprägt.[152] Insgesamt ist die Zahl der Krankenhäuser seit der Einführung des DRG-Entgeltsystems um 6,06% gesunken (Abb.17).

---

[150] Vgl. Bracht, M. 2006, S. 17f
[151] Vgl. Bracht, M. 2006, S. 23f
[152] Vgl. Spindler, J. und Bölt, U. 2009, S.43

Jahr/ Land	Krankenhäuser			Patientenbewegung[1]			durchschnittliche	
	insgesamt	aufgestellte Betten insgesamt		Fallzahl		Berechnungs-/ Belegungstage	Verweildauer	Bettenauslastung
	Anzahl		je 100 000 Einwohner[2]	Anzahl	je 100 000 Einwohner[2]	in 1 000	in Tagen	in Prozent
1991	2 411	665 565	832	14 576 613	18 224	204 204	14,0	84,1
1992	2 381	646 995	803	14 974 845	18 581	198 769	13,3	83,9
1993	2 354	628 658	774	15 191 174	18 713	190 741	12,6	83,1
1994	2 337	618 176	759	15 497 702	19 034	186 049	12,0	82,5
1995	2 325	609 123	746	15 931 168	19 509	182 627	11,5	82,1
1996	2 269	593 743	725	16 165 019	19 739	175 247	10,8	80,6
1997	2 258	580 425	707	16 429 031	20 023	171 837	10,5	81,1
1998	2 263	571 629	697	16 847 477	20 538	171 802	10,2	82,3
1999	2 252	565 268	689	17 092 707	20 823	169 696	9,9	82,2
2000	2 242	559 651	681	17 262 929	21 004	167 789	9,7	81,9
2001	2 240	552 680	671	17 325 083	21 041	163 536	9,4	81,1
2002	2 221	547 284	664	17 432 272	21 135	159 937	9,2	80,1
2003	2 197	541 901	657	17 295 910	20 960	153 518	8,9	77,6
2004	2 166	531 333	644	16 801 649	20 365	146 746	8,7	75,5
2005	2 139	523 824	635	16 539 398	20 056	143 244	8,7	74,9
2006	2 104	510 767	620	16 832 883	20 437	142 251	8,5	76,3
2007	2 087	506 954	616	17 178 573	20 883	142 893	8,3	77,2
2008	2 083	503 360	613	17 519 579	21 334	142 535	8,1	77,4
2009	2 084	503 341	615	17 817 180	21 762	142 414	8,0	77,5
2010	2 064	502 749	615	18 032 903	22 057	141 942	7,9	77,4

Abb.17: Entwicklung der Krankenhäuser und der Bettbelegung[153]

Die entscheidendsten Indikatoren hierfür sind ein erheblicher Abbau der Bettenkapazitäten und deutliche Verkürzung der Patientenverweildauer. Am meisten davon betroffen sind sowohl die bis dato relativ ineffizienten Krankenhäuser, als auch die Einrichtungen, die aufgrund von städtischen Ballungsräumen in einem starken Wettbewerb zueinander stehen.[154] Des Weiteren ist der Trend zur Privatisierung zuerkennen (Abb.19), seit Einführung der DRG-Abrechnung im Jahr 2003 stieg der Anteil von 24,8% kontinuierlich bis auf 32,9% im Jahr 2010 an. Hingegen sank der Anteil der öffentlichen Einrichtungen deutlich von 36,2% auf 30,5%. Allein der Wert der freigemeinnützigen blieb nahezu konstant.[155]

---

[153] Statistisches Bundesamt (Destatis) – Grunddaten der Krankenhäuser 2010 Fachserie 12 Reihe 6.1.1, Stand: 22.03.2012
1) Fallzahl und Berechnungs- Belegungstage einschließlich Stundenfälle
2) Berechnet mit der Durchschnittsbevölkerung
[154] Vgl. Vera, A. 2010, S.61
[155] Vgl. Statistisches Bundesamt (Destatis) – Grunddaten der Krankenhäuser 2010 Fachserie 12 Reihe 6.1.1.1, erschienen 22.11.2011 und korrigiert am 22.03.2012

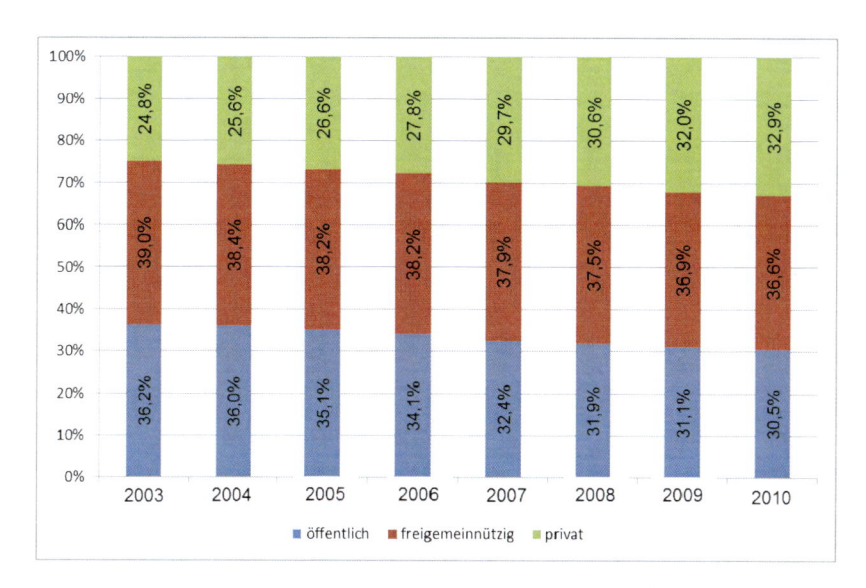

Abb.18: Krankenhäuser nach der Trägerschaft 2003-2010[156]

Insbesondere bei Krankenhäusern die sich aus öffentlichen Mitteln finanzieren, wie beispielsweise Universitätskliniken. Gerade hier ist zu beobachten, dass der Anteil privatrechtlicher Rechtsformen, wie z.B. die Überführung in eine GmbH verstärkt zugenommen hat (Abb.20). Im Jahr 2010 sind bereits deutlich über die Hälfte (58,4%) der öffentlichen Krankenhäuser in privatrechtlicher Form geführt. Hingegen lag der Anteil zum Zeitpunkt der DRG-Einführung lediglich bei 30,8%.[157] [158]

---

[156] Eigene Darstellung basierend auf den Daten des Statistischen Bundesamtes (Destatis) – Grunddaten der Krankenhäuser 2010 Fachserie 12 Reihe 6.1.1.1, Stand: 22.03.2012
[157] Vgl. Spindler, J., Bölt, U. 2009, S. 46
[158] Statistisches Bundesamt (Destatis) – Grunddaten der Krankenhäuser 2010 Fachserie 12 Reihe 6.1.1.1, Stand: 22.03.2012

Krankenhäuser insgesamt	öffentliche KH insgesamt	davon	
		in privatrechtlicher Form	in öffentlicher Form
2003	796	245	551
2004	780	287	493
2005	751	332	419
2006	717	367	350
2007	677	380	297
2008	665	384	281
2009	648	383	265
2010	630	368	262
öffentliche KH nach Rechtsform		in Prozent	
2003	100%	30,8%	69,2%
2004	100%	36,8%	63,2%
2005	100%	44,2%	55,8%
2006	100%	51,2%	48,8%
2007	100%	56,1%	43,9%
2008	100%	57,7%	42,3%
2009	100%	59,1%	40,9%
2010	100%	58,4%	41,6%

Abb.19: Öffentliche Krankenhäuser nach der Rechtsform[159]

Dieser Wandel hin zur Privatisierung ist zurückzuführen, auf die Notwendigkeit einer effizienteren Organisation und größeren Flexibilität, wie sie auch in großen Konzernen notwendig sind, um auf dem dich sich ständig weiter entwickelnden Gesundheitsmarkt konkurrenzfähig zu bleiben. Weitere Vorteile einer Privatisierung bestehen in einer verbesserten Mitarbeitermotivation und Anreizen zu mehr Wirtschaftlichkeit. Besonders hier zeigt sich, dass unter privater Trägerschaft eine schnellere Umsetzbarkeit von Umstrukturierungsprozessen und zukünftigen Innovationen möglich ist.

Die Summe der oben genannten Faktoren hat sowohl zu erwünschten, als auch zu unerwünschten Auswirkungen geführt. So hat die Optimierung der Abläufe, die Reduzierung der Verweildauer und Verbesserung der Leitpfade in Diagnostik und Therapie einerseits zu Kosteneinsparungen geführt, andersseits aber auch zu einer nachhaltigen Verschlechterung der Arbeitsbedingungen und der Versorgungsqualität.

---

[159] Eigene Darstellung basierend auf den Daten des Statistischen Bundesamtes (Destatis) – Grunddaten der Krankenhäuser 2010 Fachserie 12 Reihe 6.1.1.1, Stand: 22.03.2012

Dies zeigt sich vor allem darin, dass eine weitaus höhere Patientenzahl in einer kürzeren Zeit vom Personal bewältigt werden muss. Um kurzfristig weitere Kosten einsparen zu können, wird zusätzlich Personal abgebaut oder durch geringer qualifiziertes Personal ersetzt. [160]

Neben diesen Erscheinungen, haben sich aus den Aussagen der befragten Krankenhausentscheider und der Gruppe der niedergelassenen Ärzte weitere Beobachtungen ergeben. So wird in stationären Einrichtungen zur optimalen Auslastung von besonders teuren diagnostischen oder therapeutischen Geräten eine großzügigere Indikation gestellt. Gleichzeitig wird bei der ICD-10-Kodierung verstärkt auf die Vergütungsrelevanz geachtet. Denn je besser die Bewertungsrelation, umso höher ist die daraus resultierende Vergütung für eine Leistung. Eine weitere Beobachtung ist, dass durch die Verkürzung der Verweildauer der Patienten im Krankenhaus die Nachsorge- und Pflegeleistung verstärkt in den ambulanten Sektor verlagert wird. Eine Optimierung der Bettenauslastung wird hier auf Kosten einer sinnvollen, optimalen medizinischen Patientenversorgung erreicht. Gleichzeitig führt diese Strategie zur Verschlechterung der Arbeitsbedingungen und der Mitarbeitermotivation, was die Personalfluktuation besonders im ärztlichen und pflegerischen Bereich erklärt. Neues Personal wiederrum, muss aber eingearbeitet werden, was die Belastung des Stammpersonals erneut erhöht.

Ein aktuelles Beispiel stellt die derzeitige Situation im Universitätsklinikum Gießen und Marburg (UKGM) dar.[161]

Durch eine Privatisierung vor ca. 6 Jahren sollte der Investitionsstau überwunden und die Zukunftsfähigkeit des UKGM gesichert werden. Die von der Geschäftsführung unabhängigen Chefärzte haben nun in einem aktuellen Thesenpapier auf den offenen Interessenkonflikt zwischen den Renditeerwartungen der Rhön-Klinikum AG und dem Bestreben der ärztlichen und pflegerischen Mitarbeiter zu einer qualitätsorientierten Hochleistungsmedizin hingewiesen. Die durchgeführten zahlreichen Umstrukturierungen und Optimierungen der Abläufe haben zu einer erheblichen Arbeitsüberlastung im ärztlichen und pflegerischen Bereich geführt. Daraus folgend haben viele Mitarbeiter das UKGM verlassen und eine Neubesetzung der Stellen gestaltet sich äußerst schwierig.

---

[160] Vgl. B. Braun, B., Buhr, P., Klinke, S., Müller, R. und Rosenbrock, R. 2009, S61ff.
[161] Vgl. http://www.aerzteblatt.de/nachrichten/49710, Stand: 05.04.2012

4.3.2 Einfluss auf das Kaufverhalten

Nachdem im vorherigen Abschnitt die Auswirkungen der DRG-Einführung betrachtet wurden, sollen nun Aufschlüsse über die strategischen Ausrichtungen im Bereich der Beschaffung gegeben werden. Hierbei wurden die Vertreter der privaten, freigemeinnützigen und öffentlichen Krankenhäuser befragt. Dabei sollten sowohl eventuelle Unterschiede zwischen den drei Kundengruppen aufgezeigt, als auch der Einfluss der DRGs auf das Kaufverhalten berücksichtigt werden. Nach Auswertungen der Interviews konnten folgende Fakten zum Kaufverhalten nach Einführung des DRG – Systems festgestellt werden:

Die Auflistung der nachfolgenden Krankenhausträger soll hierbei eine Rangordnung darstellen.

Private Krankenhausträger:

Die Einführung des DRG-Systems bietet Kliniken in privater Trägerschaft die Möglichkeit durch entsprechende Exklusivverträge mit den einzelnen Herstellern, mehr Profit zu generieren. Durch die Vertragsverhandlungen kann ein sehr guter Preis für das einzelne Produkt erzielt werden. Die Summe des gezahlten DRG bleibt aber pro Klinik identisch, somit resultiert eine größere Gewinnspanne .Ein guter Einzelpreis kann aber wiederum nur durch die Abnahme einer großen Stückzahl von Produkten pro Klinik entstehen. Somit muss eine große Stückzahl gleicher Produkte geordert werden. Die Qualität der Produkte wird natürlich im Rahmen des Vertrages auch fixiert. Daraus resultiert eine gewisse Konzentration auf einen Hersteller und eine Qualität. Nachteilig wirkt sich ein solches gewinnorientiertes Kaufverhalten auf die individuellen Patientenbedürfnisse aus. Der technische Fortschritt in innovativen teureren Systemen kann nicht genutzt werden. Die Zufriedenheit der Zuweiser sinkt ebenfalls, da diesen keine Variabilität und Produktvielfalt geboten werden kann. Gleichzeitig fällt ein zusätzlicher Nachteil auf, wenn es zum Auftreten eines Produktfehlers kommt, kann dieses mit anderen Produkten eines anderen Herstellers nicht zeitnah abgefedert werden.

Freigemeinnützige Krankenhausträger:

Bei der Befragung eines Vertreters der freigemeinnützigen Trägerschaft konnte beim Kaufverhalten eine größere Flexibilität festgestellt werden. Aber auch hier steht natürlich eine Gewinnorientierung im Mittelpunkt der Preisverhandlungen. Die Verhandlungen sind aber mehr auf eine qualitativ hochwertige Patientenversorgung orientiert und somit werden mehrere Hersteller zugelassen. Von den einzelnen Herstellern wird ein Portfolio mit guter Mischung aus effizienten Basisprodukten und sogenannten High-End-produkten geordert. Für diese Produktmischung kann natürlich bei entsprechend hohen Abnahmezahlen auch ein guter Preis pro Produkt erzielt werden, um wirtschaftlich arbeiten zu können.

Öffentliche Krankenhausträger:

Im Gegensatz zu den privaten und freigemeinnützigen Einrichtungen, haben die Kliniken, die sich in öffentlicher Trägerschaft befinden bspw. die Universitätskliniken den größten Spielraum im Kaufverhalten. Hier hat die Gewinnorientierung nicht die höchste Priorität. Durch Zuschüsse bei Lehre und Forschung kann zusätzliches Geld generiert werden. Natürlich wird in Preisverhandlungen auch eine große Stückzahl von Basisprodukten zur flächendeckenden Versorgung geordert. Zusätzlich kann aber auch zum Beispiel im Rahmen von Klinischen Studien modernste Technik zum Einsatz kommen.

5 Erarbeitung eines strategischen Lösungskonzepts

In Kapitel 5, dem Hauptkapitel dieser Studie, werden unter Berücksichtigung der in den Kapiteln 2 bis 4 genannten theoriebasierenden Aspekte, Ansätze für ein strategisches Lösungskonzept entwickelt. Ziel ist es, die Unternehmen der Medizintechnik bei der zukünftigen Ausrichtung auf dem Krankenhausmarkt zu unterstützen. Dazu werden nach einleitenden Ausführungen zentrale Eckpfeiler des Konzepts wie der Prozess des Vergabeverfahrens zwischen Anbieter und Krankenhausträger sowie die markttypischen Kräfte dargestellt.

5.1 Ausgangssituation der Konzeption

Wie in den vorhergehenden Kapiteln deutlich wurde, ist der Bereich Gesundheitswesen im ständigen Wandel und speziell der Krankenhaussektor ist ein hart umkämpfter Markt. Viele Einflüsse von außen , wie bspw. die steigenden Patienten- und Therapieanforderungen, die zunehmenden Kosten und die begrenzten Ressourcen intensivieren zum einen den Wettbewerbsdruck, zum anderen stellen sie das Unternehmen Krankenhaus vor finanzielle Schwierigkeiten. Für die steigenden Anforderungen in allen Aspekten des Krankenhauses sind bedarfsgerechte Lösungen erforderlich.[162]

In Folge der in den vorherigen Kapiteln und oben genannten Geschehnisse, sollen die strategischen Lösungsansätze seitens der Medizintechnikhersteller dazu beitragen, ein effizientes, effektives und innovatives Krankenhausmanagement zu ermöglichen.

5.1.1 Vergabeverfahren innerhalb des Krankenhauswesens aus Sicht der Anbieter[163]

Als Grundlage für die Erarbeitung des strategischen Lösungskonzepts, dient zunächst die Veranschaulichung des Vergabeprozesses innerhalb des Krankenhauswesens. Beispiel ist hierbei die Einkaufsgemeinschaft ABC, die eine klassische horizontale Allianz zwischen mehreren Krankenhäusern symbolisiert. Der Prozess basiert auf den Erfahrungen und Erkenntnissen der medizintechnischen Anbieter. In der Medizintechnikbranche ist es üblich, dass es einen Hauptanbieter gibt, durch den eine Vielzahl von Produkten abgenommen werden. Allgemein steht es den Krankenhäusern auch zu, einen gewissen Mengenanteil von Anbieter B und C zu beziehen. Je nach Krankheitsbild kann Anbieter B, ein technisch besseres und fortschrittlicheres Aggregat besitzen, als Hauptanbieter A. Aufgrund der regelmäßigen Anpassung der DRG-Entgelte findet

---
[162] Vgl. basierend auf den Unterlagen des kooperierenden Unternehmens
[163] Vgl. basierend auf den Unterlagen des kooperierenden Unternehmens, das Vergabeverfahren wird am Beispiel einer fiktiven Einkaufsgemeinschaft dargestellt. Eine Einkaufsgemeinschaft ist eine Form einer strategischen Allianz, die bspw. durch die Steigerung des Einkaufsvolumens verbesserte Preise auf dem Markt für die kooperierenden Unternehmen erzielen möchte.

dieser Prozess grundsätzlich jährlich statt. In eher seltenen Fällen werden Versorgungsverträge über zwei Jahre festgelegt.

Vergabeprozessablauf am Beispiel der Einkaufsgemeinschaft ABC

| Jan. | Feb. | März | April | Mai | Jun. | Jul. | Aug. | Sept. | Okt. | Nov. | Dez. |

1. Lieferantenleistung

2. Lieferantenauswahl

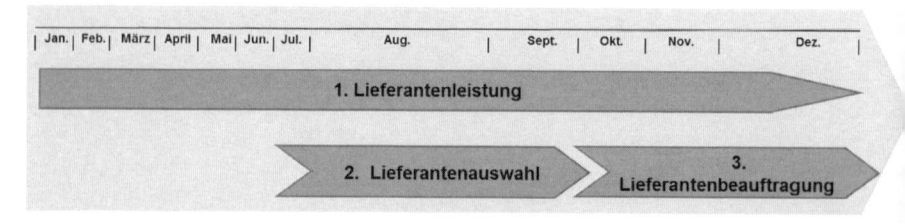

3. Lieferantenbeauftragung

Abb. 20: Vergabeprozess innerhalb des Krankenhauswesens[164]

1. Lieferantenleistung:

1. Phase (Jahresbeginn bis Vertragsende)

Zu Beginn eines Vertragsjahres liegen sämtliche Bestimmungen über die vergebenen Zuschlagsmengen, welche die Einkaufsgemeinschaft ABC von dem jeweiligen Anbieter im Laufe des Jahres abnehmen wird, vor. Des Weiteren werden alle zu der Einkaufsgemeinschaft zugehörigen Krankenhäuser über den festgelegten Lieferanten informiert und erhalten sowohl dessen komplettes Produktportfolio, sowie die dazugehörigen Preise. Ab Jahresbeginn erfolgen die Belieferungen der einzelnen Krankenhäuser und die Betreuung durch den entsprechenden Außendienstmitarbeiter vor Ort.

2. Phase (Anfang April)

Nach Beendigung des ersten Quartals erfragt die Einkaufsgemeinschaft ABC die von Lieferant XYZ gelieferten Mengen ab. Dabei erfolgt einerseits ein interner SOLL/IST-Abgleich seitens des Anbieters und anderseits überprüft die Einkaufsgemeinschaft die von den Mitgliedshäusern berichteten Mengen. Zusätzlich wird von Anbieter XYZ eine erste Jahreshochrechnung erstellt, um zu überprüfen, ob die vorher festgelegten Zuschlagsmengen am Ende des Vertragsjahres erreicht werden. Sofern es hierbei schon zu einer starken Zielabweichung kommt, werden ggf. die ersten Gegensteuerungsmaßnahmen eingeleitet. Der erste Schritt ist, dass mittels des Außendienstmitarbeiters der persönliche Kontakt zu den Verantwortlichen der entsprechenden Mitgliedshäuser gesucht oder ein erstes Gespräch mit dem Gremium der Einkaufsgemeinschaft unternommen wird.

---

[164] Abbildung basiert aus den Unterlagen des kooperierenden Unternehmens

3. Phase (Juni – August)

Mitte des Jahres startet die Einkaufsleitung der Einkaufsgemeinschaft ABC eine interne Umfrage bei den einzelnen Mitgliedshäusern. Ziel ist es dabei, Aufschluss über die Zusammenarbeit mit dem Lieferanten zu bekommen, mögliche Probleme zu erörtern und auf besondere Ereignisse zu reagieren. Bereits hier startet der zweite Prozess, die Lieferantenauswahl. Es werden erste Vorbereitungen für das neue Vergabeverfahren im nächsten Jahr getroffen und eventuelle Präferenzen von Kliniken für eine zukünftige Zusammenarbeit mit den entsprechenden Lieferanten berücksichtigt.

<u>2. Lieferantenauswahl</u>

4. Phase (Ende August / Anfang September)

Mitte des Jahres kommt es zum ersten Mal zu einem strategischen Treffen mit ausgewählten Anbietern der Medizintechnikindustrie. Die Einkaufsleitung verschafft sich einen ersten Überblick über neue Produkte und Innovationen, sowie deren bald möglichste Markteinführung.

5. und 6. Phase (September)

Im Laufe des Septembers folgen eine Reihe von internen Abstimmungsmeetings mit den Anwendern, Einkäufern und Fachgruppen innerhalb der Einkaufsgemeinschaft. Dabei werden die bisher bezogenen Gesamtmengen alle Produktbereiche der Einkaufsgemeinschaft summiert und analysiert. Danach erfolgen eine Einschätzung der Innovationskraft der Industrie und die Festlegung von Bewertungskriterien, wie beispielsweise die Laufzeit eines Herzschrittmacheraggregats.

7. Phase (Ende September)

Nachdem die verschiedenen Innovationen und Produktmerkmale bewertet wurden, werden durch die verschiedenen Gremien entsprechende Ausschreibungskriterien festgelegt. Diese sind, die zu vergebenden Zuschlagsmengen, die bevorzugten Lieferanten und schlussendlich die favorisierten Produkte.

8. Phase (Anfang Oktober)

Die Ausschreibungsunterlagen werden an zuvor ausgewählte Industriepartner versendet.

9. Phase (Mitte Oktober)

Die benötigten Ausschreibungsunterlagen und ein entsprechendes Angebot seitens der Anbieter werden ausgefühlt an die Einkaufsgemeinschaft ABC zurück gesandt.

10.und 11. Phase (Ende Oktober)

Bevor es zu einer zentralen Verhandlung mit den Lieferanten kommt, erfolgt eine interne Prüfung und Aufbereitung der Angebotsunterlagen. Es wird eine Lieferantenmatrix mit Bewertungskriterien und Preisvorstellungen erstellt. Diese wird den internen Verhandlungsteilnehmern in Form von Anwendern und Fachgruppen zur Verfügung gestellt und Rücksprache gehalten. Abschließend wird eine Einkaufs- bzw. Verhandlungsstrategie festgelegt.

12. und 13. Phase (November)

Anfang des Monats findet die zentrale Verhandlung mit den einzelnen Anbietern statt. Wichtigste Bestandteile der Verhandlung sind die Festlegung über die gewünschten Produkte, die dazugehörigen Preisverhandlungen und die Erfüllung von Zusatzleistungen, wie Serviceleistungen oder die Betreuung durch einen Außendienstmitarbeiter. Besonders wichtig ist für die Anbieter hierbei, welche garantierten Mengen zu welchen Preisen von der Einkaufsgemeinschaft bezogen werden.

Nach der Verhandlung werden die Ergebnisse innerhalb der Einkaufsgemeinschaft ausgewertet und mit den Entscheidungsträgern besprochen. Ausschlaggebend ist dabei das Abschneiden der einzelnen Bewertungskriterien. Die Verhandlungsergebnisse werden auch den zugehörigen Mitgliedshäusern mitgeteilt und jeweilige Empfehlungen ausgesprochen. Zusätzlich fordert die Einkaufsleitung von jedem Mitgliedshaus eine für das nächste Jahr zu erwartende Mengenmeldung an. Diese enthält eine Darstellung der Zuschlagsmengen für die verschiedenen Lieferanten.

Die Industriepartner reagieren nach der Verhandlung und schicken der Zentrale der Einkaufsgemeinschaft ein endgültiges Angebot zu, welches ggf. zu einer Nachverhandlung führen kann.

14. Phase (Ende November/ Anfang Dezember)

Die Kliniken melden ihre kalkulierten Mengen pro Lieferant und pro Produkt an die Zentrale zurück.

15. ,16. und 17. Phase (Dezember)

Die Zentrale konsolidiert die Mengenmeldung zu Summen je Lieferant und meldet die zu erwartenden Zuschlagsmenden an die durch die Verhandlung ausgewählten Lieferanten.

Innerhalb der Einkaufsgemeinschaft erfolgt eine interne Erfolgsabrechnung, bei der der neue Preis versus den alten Preis mit der entsprechenden Menge entgegengesetzt wird. Sofern die Parteien der Anbieter und die der Einkaufsgemeinschaft sich über die Zuschlagsmengen, Preisniveaus und Serviceleistungen einig geworden sind, werden die Lieferanten für das nächste Vertragsjahr beauftragt. Schließlich wird das Verhandlungsergebnis den Mitgliedshäusern bekannt gegeben.

5.1.2 Die fünf Kräfte des Markfeldes

5.1.2.1 Kraft 1: Substitute

Unter Substituten versteht man die Ersetzung eines Gutes durch ein anderes Gut, welches über die ähnlichen oder die gewünschten Funktionen verfügt.[165] Gleiches gilt auch für die Medizintechnikbranche. Beispielsweise ähneln sich bei einem Herzschrittmacheraggregat die Grundfunktionen Stimulation und Impulsabgabe an den Herzmuskel. Bleibt der Anschaffungspreis für ein Krankenhaus gleich oder steigt er sogar, steigt auch die Nachfrage nach einem günstigeren Substitutionsgut. Sobald ein Käufer auf ein billigeres oder sogar noch auf ein besseres Aggregat eines anderen Herstellers B zurückgreifen kann, drückt das gleichermaßen auch die Preise und Absatzmengen des Hersteller A. Somit ist es für jedes Unternehmen der Medizintechnik von hoher Bedeutung, regelmäßig den Markt nach möglichen Substituten zu untersuchen, zu bewerten und mögliche Gefahren für die eigenen Produkte zu berücksichtigen. Dies ist besonders relevant in Bezug auf die Preisstabilität und zukünftige Absatzplanungen.[166]

5.1.2.2 Kraft 2: Stärke des Käufers

Betrachtet man den Absatzmarkt ist fest zustellen, dass die Käuferstruktur ebenfalls einen starken Einfluss auf die Absatzmenge und die Preisstabilität hat. Folglich besteht in der Medizintechnik eine Abhängigkeit von Käufern und den Möglichkeiten bei der Gestaltung von Preisen und Absätzen. Um dies genauer betrachten zu können, werden folgende Punkte analysiert:[167]

---

[165] Vgl. http://www.wirtschaftslexikon24.net/d/substitutionalitaet/substitutionalitaet.htm, Stand: 28.03.2012
[166] Vgl. Leewe, J., S.1642
[167] Vgl. Leewe, J., S.1643

- „Anzahl potentieller Käufer: Konsolidierung oder Fragmentierung?
- Marktübliche Gebräuche: Werden „Gratisgeschenke" erwartet?
- Kaufkraft der Kunden: Geringe Margen und hoher Preisdruck?"[168]

Beobachtungen im Einzelhandel zeigen, dass dominierende Handelsketten oftmals bevorzugt mit mittelständischen Zulieferern zusammenarbeiten und diesen dann bei der Gestaltung von Produkten, Verpackungen oder auch Produktionsprozessen klare Vorgaben geben. In der Branche der Medizintechnik überwiegt der Direktvertrieb an Krankenhäuser und Patienten, was gleichbedeutend mit einer Vielzahl von verschiedenen Kunden ist. Somit zeigt sich, dass ein sehr hoher Vertriebsaufwand vorliegt, um den unterschiedlichen Interessen und Wünschen der Käuferstruktur nachkommen zu können. Andererseits ergibt sich grundsätzlich die Möglichkeit, die Preise entsprechend der Nachfrage der jeweiligen Käufergruppe anzupassen. Entscheidend ist, welche Marktstärke die Abnehmer haben und wie viele Zulieferer diese beziehen. Dabei spielt sowohl die Verhandlungsposition eine Rolle, als auch die Austauschbarkeit. Es ist durchaus möglich, dass zwar der Umsatzanteil sehr interessant ist, die sich daraus ergebenden Margen jedoch nur sehr gering sind. Somit zeigt sich, dass bei einer zu starken Konsolidierung der Kunden die Chancen für ein Entgegenwirken von sinkenden Preisen durchaus limitiert sein können.[169]

5.1.2.3 Kraft 3: Stärke der Lieferanten

Ohne Frage kann der Erfolg eines Unternehmens der Medizintechnik durch eine zu dominierende Position eines oder mehrerer Lieferanten nachhaltig beeinträchtigt sein. Im Gewerbe ist es durchaus üblich, dass neben Rohmaterial und Produktmechanismen, auch Forschungs- und Entwicklungsdienstleistungen oder Vermarktungs- und Verwaltungsleistungen erworben werden. Dies erhöht die Gefahr einer zu einseitigen Abhängigkeit zu einem Lieferanten. Denn sobald es zu Liefereinschränkungen oder zur Handlungsunfähigkeit seitens des Lieferanten kommt, sind entsprechende Handlungsalternativen oftmals zu spät nutzbar. Somit sollte man bei der strategischen Planung frühzeitig neue Lieferanten ausfindig machen und testen, um solchen Gefahren aus dem Weg gehen zu können.[170]

5.1.2.4 Kräfte 4 und 5: Existierende und zukünftige Wettbewerber

Ein zentraler Gegenstand der Analyse des Marktes ist es, die bereits existierenden Wettbewerber, sowie die kurz vor dem Markteintritt stehenden, zu identifizieren.[171] „Ein

---

[168] Leewe, J., S.1643
[169] Vgl. Leewe, J., S.1643f
[170] Vgl. Leewe, J., S.1644
[171] Vgl. Leewe, J., S. 1644

Markt mit vielen starken und aggressiven Wettbewerbern ist nicht attraktiv."[172] Die Einführung von neuen Produkten oder die Erschließung von neuen Geschäftsbereichen kann dadurch sehr kostspielig sein. Des Weiteren kann ein stark umkämpfter Markt hohe Marketingkosten und unattraktive Preisniveaus mit sich führen. Weitere Aspekte die diese Situation verschlechtern können sind:[173]

- „Kapazitätserweiterungen nur aufwendig durchführbar
- Hohe Marktaustrittsbarrieren
- Wettbewerber mit hohem Interesse im Markt zu verbleiben
- Stagnierender oder schrumpfender Markt"[174].

Demzufolge gilt es die wichtigsten Wettbewerber zu identifizieren, zu analysieren, Vorteile gegenüber den Wettbewerber zu entwickeln und eigene Stärken vor dem Wettbewerb nachhaltig zu sichern.[175]

5.2 Methodischer Lösungsansatz durch eine Nutzwertanalyse

Nachdem in Abschnitt 5.1 die zentralen Eckpfeiler des strategischen Lösungskonzepts genannt wurden, folgt jetzt der zweite Teil der Befragung in Form einer Bewertungsmethode. Da für die Erstellung des Lösungskonzepts nicht nur die Kriterien Kosten und Rentabilität maßgebend sind, sondern auch qualitative Kriterien wie z.B. die Steigerung des Bekanntheitsgrads eines Unternehmens, kommt in dieser Studie die Nutzwertanalyse als Bewertungsverfahren zur Anwendung. Die Nutzwertanalyse basierend auf den Überlegungen von Christof Zangemeister, ist neben der Kosten-Nutzen-Analyse und der Kosten-Wirksamkeits-Analyse das dritte wirtschaftlichkeitsanalytische Verfahren, welches für den öffentlichen Sektor entwickelt wurde.[176] Dabei ist festzustellen, dass Nutzwertanalyse und Kosten-Wirksamkeits-Analyse nah miteinander verwandt sind.[177] Ähnlich wie die Kosten-Wirksamkeits-Analyse hat die Nutzwertanalyse die Aufgabe „alternative öffentliche Projekte im Rahmen eines multidimensionalen Zielsystems auf ihre Wirtschaftlichkeit hin zu untersuchen und nach ihrer Vorteilhaftigkeit zu ordnen".[178] Anders als die Kosten-Wirksamkeits-Analyse drückt sie die Ergebnisse in Gesamtwirksamkeiten oder Nutzwerten aus, anstatt in matrizenförmigen Teilwirksamkeiten. Somit kann die Nutzwertanalyse als Weiterentwicklung zur Kosten-Wirksamkeits-Analyse betrachtet werden.[179] Ein weiterer großer Unterschied besteht im Bezug zur Kosten-

---
[172] Leewe, J., S.1644
[173] Vgl. Leewe, J., S.1644
[174] Leewe, J., S.1644
[175] Vgl. Leewe, J., S.1645
[176] Vgl. Hanusch, H. 1994, S.173
[177] Vgl. Hanusch, H. 1994, S.173
[178] Hanusch, H. 1994, S.173
[179] Vgl. Hanusch, H. 1994, S.173

Nutzen-Analyse. Bei der Nutzwertanalyse werden neben den objektiven Kriterien wie bspw. in Form von Kostenrechnungen, Wirtschaftlichkeitsvergleichen und Investitionsrechnungen, auch die subjektiven Kriterien für eine Entscheidungsfindung herangezogen.[180] Grundsätzlich findet „[d]ie Nutzwertanalyse, [welche] „auch als Punkteverfahren oder Multifaktorentechnik bezeichnet wird [...] ihre Anwendung, [sobald] nicht nur eine Alternative für eine Entscheidung vorhanden ist."[181]

Der Aufbau einer Nutzwertanalyse ist wie folgt gegliedert:

(1) Zielkriterienbestimmung: Ziele, Anforderungen, Funktionen oder Eigenschaften vollständig, widerspruchsfrei und operational in einem Katalog erfassen. Diese sollen durch Mithilfe öffentlicher Projekte verwirklicht werden. Zusammengehörige Ziele werden zu einem Oberbegriff zusammengefasst, bis diese Oberbegriffe dann schlussendlich wieder durch einen gemeinsamen Begriff gruppiert werden.

(2) Alternativenbestimmung (Handlungsalternativen)

(3) Ermittlung der Zielerfüllungsgrade: einzelne Teilwirksamkeiten (Zielerträge) müssen zu Zielerfüllungsgraden umgewandelt werden → innerhalb einer einheitlichen Nutzenskala:

- „Nominalskalen (z.B. ausreichende Wasserversorgung vorhanden, nicht vorhanden)
- Ordinalskalen (z.B. Facharbeiterangebot gut, befriedigend, unbefriedigend)
- Kardinalskalen (Punkteskala 1-10 usw.)"[182]

(4) Gewichtung der Zielerfüllungsgrade („entsprechend der relativen Bedeutung der ihnen zugrundeliegenden Teilziele zu gewichten"[183])

(5) Amalgamation und Entscheidung: Gesamtnutzwert bilden → anhand Zielerfüllungsgrade/ Teilnutzwerte, auf Grundlage dessen Rangordnungen bilden, Empfehlungen geben[184] [185]

5.2.1 Ziel der Befragung durch eine Nutzwertanalyse:

Das Ziel der Befragung war es, anhand der Interviews mit den einzelnen Kundengruppen, den Medizintechnikherstellern einen Überblick über die aktuellen und zukünftigen Entwicklungen des Krankenhausmarktes zu verschaffen. Im Vordergrund stand hierbei

---

[180] Vgl. Litke, H-D. 2007,S.138
[181] Litke, H-D. 2007, S.138
[182] Litke, H-D. 2007, S.140
[183] Hanusch, H. 1994, S.174
[184] Vgl. Hanusch, H. 1994, S.173-174
[185] Vgl. Litke, H-D. 2007, S.139ff.

der Einblick in das strategische Beschaffungsmanagement jeder einzelnen Kundengruppe. Es sollte analysiert werden, welche Kriterien sowohl für den Einkäufer, als auch für den Anwender am kaufentscheidendsten sind. Mit Hilfe der Nutzwertanalyse wurden die wichtigsten Kriterien aufgestellt und alternativ gegeneinander betrachtet. Darüber hinaus sollten eventuelle Unterschiede zwischen den einzelnen Kundengruppen aufgezeigt werden, um so kundenbezogene Lösungsansätze zu entwickeln. Für die Interviewpartner war die Teilnahme an der Befragung freiwillig bzw. anonym und wurde ausschließlich in einem persönlichen Interview durchgeführt.

Bei den Befragten handelt es sich zum einen um niedergelassene Fachärzte mit der Subspezialisierung Kardiologie, welche als Zuweiser wichtige Partner der stationären kardiologischen Kliniken sind. Einige dieser Spezialisten sind im Rahmen von Direktverträgen mit der jeweiligen Klinik ambulant operativ tätig. Zum anderen wurden kardiologische Kliniken aus den drei Krankenhausträgerschaften (privat, freigemeinnützig, öffentlich) interviewt. Es wurden sechs Ärzte und jeweils eine Person jeder Krankenhausgesellschaft befragt. Die niedergelassenen Kardiologen sind Mitglieder des Ärztenetzwerkes Kardiologenkollegium Mitteldeutschland, in welchem sich die ambulant schwerpunktmäßig kardiologisch tätigen Fachärzte Mitteldeutschlands zusammengeschlossen haben. Da in diesem Netzwerk im Rahmen einer bestehenden Netzzertifizierung (Qualitätsmanagement/ DIN ISO) klare Versorgungspfade und eine leitliniengerechte Diagnostik und Therapie von kardiologischen Patienten festgelegt und gelebt werden, wurden gerade diese Ärzte als Interviewpartner ausgewählt. Mitteldeutschland wurde ausgewählt, da ein persönlicher Bezug zu diesem Gebiet besteht und bundesweit kein vergleichbares ambulantes Netzwerk von niedergelassenen Kardiologen aus drei Bundesländern zu finden ist. Einige der Ärzte sind zudem durch private Kontakte bekannt und konnten somit gut akquiriert werden. Von den Krankenhausträgerschaften wurde zunächst jeweils eine Person befragt. Dies soll einen ersten Einstieg in die Thematik darstellen, um einen Vergleich zwischen niedergelassenen freiberuflich tätigen Ärzten und krankenhausgebundenen angestellten Ärzten herzustellen. Sicherlich ist es möglich, weitere Ärzte aus dieser Gruppe zu befragen. Dies hätte aber die Kapazität dieser Untersuchung überzogen. Die Bereitschaft der Ärzte aus dem stationären Bereich einen Einblick in ihre Abläufe zuzulassen, war eingeschränkt. Dies erklärt sich dadurch, dass es sich um eine wettbewerbsorientierte Branche handelt, die ungern Informationen offenbart.

Verlauf der Teilnahme

Am 08. März 2012 wurden 17 E-Mails an Ansprechpartner der entsprechenden Kundengruppe geschickt. Aufgrund der guten Vernetzung des Kardiologenkollegiums

Mitteldeutschland und durch die bereits bestehenden persönlichen Kontakte wurde keine der E-Mails falsch adressiert. Bereits am selben Abend kamen die ersten Zusagen für ein Interview. Von den 17 angeschriebenen Befragten, haben bis zum Ende der Befragung am 19.März 2012 neun Gesprächspartner an einem persönlichen Interview teilgenommen.

In der folgenden Abbildung ist der Teilnahmeverlauf dargestellt:

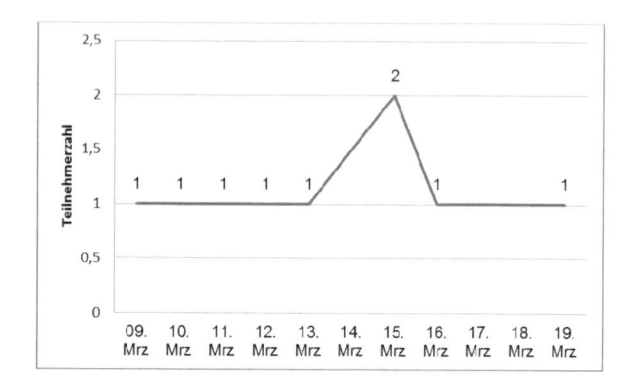

Abb.21: Teilnahmeverlauf (Eigene Darstellung)

5.2.2 Durchführung der Nutzwertanalyse

Beispiel: In der folgenden Abbildung ist ein Blanko Kriterienkatalog wie er bei der Befragung eingesetzt wurde veranschaulicht.

Gruppe: Beispiel					
	Betrachtungszeitpunkt				
Hersteller	Heute	in bis zu 5 Jahren	Gewichtung (%)	Ergebnis Heute	Ergebnis in bis zu 5 Jahren
Marke	(1-10)	(1-10)	0%	0	0
Markengröße					
Bekanntsheitsgrad					
Beständigkeit					
Partnerschaft			0%	0	0
Risikomanagement (finanziell)					
Prozessoptimierung					
Benchmark (Kosten-Nutzen)					
Verbesserte Marktposition					
Entwicklungs- und Forschungskooperation					
Leistungen			0%	0	0
Service/support					
Kundenbetreuung					
Innovative Entwicklung					
Ergebnis (Hersteller)			100%	0	0
Produkt					
Hardware			0%	0	0
Anpassbarkeit					
Techn. Fortschritt					
Portfolio					
CE-Zertifizierung					
Klinische Studien					
Software			0%	0	0
Nachsorge					
Telemedizin					
Kosten			0%	0	0
Niedrige Kosten					
Mittelfristige Kosten					
Bereitschaft zu Mehrkosten					
Sonstiges			0%	0	0
Einfaches Handling					
Schulungsangebot					
Ergebnis (Produkt)			100%	0	0

Bewertungskala: Bedeutung des Kriteriums

unwichtig (1)
gering (2-3)　　　　　　　　rot markiert:　trifft nicht zu / keine Relevanz
eher gering (4-5)
mittel (6-7)
groß (8-9)
sehr groß (10)

Abb.22: Kriterienkatalog (blanko)

(1) Zielkriterienbestimmung:

Der Kriterienkatalog wurde zum einen durch Sichtung anderer beispielhafter Nutzwertanalysen[186] und in Verbindung mit dem kooperierendem Medizintechnikunternehmen erstellt. Dieser besteht aus den zwei Hauptkategorien Hersteller und Produkt. Diese untergliedern sich in folgende Unterkategorien und Abschnitte:

1. Hauptkriterium: Hersteller

1.1 Unterkriterium: Marke

Der Begriff Marke bezeichnet ein Objekt, welches in Verbindung mit einem Produkt, einer Dienstleistung oder einer Institution steht. Diese sorgt dafür, dass dieses Objekt in Anbetracht der nachfragenden Konsumentengegenüber einem gleichwertigen Konkurrenzobjekt differenziert und über einen längeren Zeitraum mit Erfolg auf dem Markt angeboten werden kann. Gerade in Bezug auf ein Unternehmen wird der Begriff Marke mit zusätzlichen Eigenschaften wie bspw. Service, technische Innovation oder Image verbunden.[187] Abgrenzend bietet eine starke Marke für ein Unternehmen:

„*(1) [eine] Differenzierung des eigenen Angebots von de[m] [Wettbewerb],*

(2) [eine] Plattform für neue Produkte (Markenausdehnung),

(3) [eine] Basis für die Lizenzierung,

(4) [einen] Schutz des eigenen Angebots vor Krisen und Einflüssen der Wettbewerber, auch vor Handelsmarken,

(5) [eine] erleichterte Akzeptanz im Handel".[188]

1.1.1 Markengröße: Das Kriterium Markengröße wird gemessen am Jahresumsatz eines Unternehmens der Medizintechnikbranche. Des Weiteren spielt die nationale und internationale Marktbedienung eine Rolle. Dieses Kriterium wurde gewählt, um heraus zu finden, inwieweit ein global agierender Anbieter einem Wettbewerber, welcher möglicherweise nur auf nationale Ebene vertreten ist, vorgezogen wird.

1.1.2 Bekanntheitsgrad: Der Bekanntheitsgrad resultiert aus der Effizienz der Werbungmaßnahmen einer Marke. Für die Auswertung war es wichtig, ob der Bekanntheitsgrad der Marke für die Auswahl eines bestimmten Anbieters eine wesentliche oder eher unwesentliche Rolle spielt.

---

[186] Markt- und Leistungsvergleich WeTab und iPad - http://winfwiki.wi-fom.de/index.php/Markt-_und_Leistungsvergleich_WeTab_und_iPad, Stand: 15.04.2012
[187] Vgl. http://wirtschaftslexikon.gabler.de/Definition/marke.html, Stand: 15.04.2012
[188] http://wirtschaftslexikon.gabler.de/Definition/marke.html, Stand: 15.04.2012

1.1.3 Beständigkeit: Die Beständigkeit wird auf Grundlage der Faktoren, wie Langlebigkeit der Marke / Hersteller und des Anspruches auf Garantie, Gewährleistung und Ersatzteile gemessen. Hierbei galt es die Frage zu beantworten, ob aufgrund der oben genannten Faktoren vordergründig eine Marke trotz eventuell höheren Preisniveaus einer kostengünstigeren vorgezogen wird.

1.2 Unterkriterium: Partnerschaft

Eine Partnerschaft besteht aus mindestens zwei verschiedenen Unternehmen, die darauf ausgelegt ist, eine vorhandene oder geplante Marktposition zu verstärken und Wettbewerbsvorteile auszunutzen. Beispielhafte Formen einer Partnerschaft sind strategische Allianzen oder Kooperationen.[189]

1.2.1 Risikomanagement: Ziel des Risikomanagements ist die finanzielle Absicherung zwischen Hersteller und der jeweiligen Kundengruppe. Dabei sind klare vertragliche Regelungen in Bezug auf Haftungsansprüche zu definieren. Im Falle eines möglichen Produktfehlers, müssen Haftungsansprüche und Ersatzlieferungen geregelt sein. Dieser Sachverhalt ist für die behandelnden Ärzte und stationären Einrichtungen von enormer Bedeutung. Somit zeigt sich gleichbedeutend die Relevanz des Kriteriums.

1.2.2 Prozessoptimierung: Der Aspekt Prozessoptimierung beschäftigt sich mit der betriebsbedingten und arbeitsorganisatorischen Optimierung in Form von Abtrennung oder Aufteilung von Geschäftsprozessen, um Kosten- und Zeitersparnisse zu erreichen. Gerade in Anbetracht des steigenden Wettbewerbsdrucks und der begrenzten Ressourcen zeigt sich hier welch wichtigen Stellenwert dieses Kriterium für den Krankenhausmarkt hat.

1.2.3 Benchmark: Benchmarking ist ein Instrument der Wettbewerbsanalyse. Hierbei werden bspw. Produkte, Prozesse und Methoden miteinander verglichen.[190] In Bezug auf die steigenden Kosten und die Budget-Kürzungen im Gesundheitswesen ist vor allem ein Kosten- Nutzen- Vergleich ein entscheidender Aspekt für die Krankenhäuser.

1.2.4 Verbesserte Marktposition: Mit einer verbesserten Marktposition ist es einem einzelnen Krankenhaus oder einer Einkaufsgemeinschaft möglich, sich Vorteile gegenüber anderen Wettbewerbern zu verschaffen und gleichzeitig entsteht eine gewisse Marktmacht gegenüber den Anbietern. Mit diesem Kriterium soll herausgefunden werden, inwiefern dieser Faktor für die Kundengruppen entscheidend ist.

---

[189] Vgl. http://wirtschaftslexikon.gabler.de/Definition/partnerschaft.html, Stand: 15.04.2012
[190] Vgl. http://wirtschaftslexikon.gabler.de/Definition/benchmarking.html, Stand: 10.04.2012

1.2.5 Entwicklungs- und Forschungskooperation: Ziel einer Entwicklungs- und Forschungskooperation zwischen Hersteller und Krankenhaus ist es, Synergieeffekte zu nutzen. Zum einen kann der Hersteller im Vorfeld einer Markteinführung, das neue Produkt in Zusammenarbeit mit dem kooperierenden Krankenhaus zunächst wissenschaftlich untersuchen lassen. Zum anderen hat das Krankenhaus ebenfalls die Möglichkeit bei der Entwicklung oder Verbesserung von Produkten oder Verfahren mit zu wirken. Durch dieses Kriterium soll das Bestreben der Anwender analysiert werden, die eine solche Partnerschaft eingehen zu wollen.

1.3 Unterkriterium: Leistungen

Dieses Unterkriterium beschäftigt sich mit den individuellen Leistungen eines Herstellers. Dabei geht es einerseits um die angebotenen Dienstleistungen gegenüber dem Kunden und andererseits um anbieterspezifische Forschungen und Entwicklungen im Bereich neuer Technologien und Trends.

1.3.1 Service/Support: Bei Service / Support handelt es sich um Zusatzleistungen seitens des Herstellers wie bspw. einem Callcenter. Grundsätzlich fungieren diese Zusatzleistungen einerseits als Kundendienst in Form von Reklamationen oder andererseits als technische Unterstützung bei produktspezifischen Problemen.

1.3.2 Kundenbetreuung: Inhalt der Kundenbetreuung ist der regelmäßige Kontakt mit einem persönlichen Ansprechpartner vor Ort. Über den persönlichen Kontakt, können sowohl Probleme bei der Anwendung oder Lieferungen, als auch individuelle Wünsche zur Weiterentwicklung und Verbesserung eines Produktes mit den Anwendern besprochen werden.

1.3.3 Innovative Entwicklung: Innovative Entwicklung bezeichnet die Bereitschaft zu Neuerungen von Produktions- und Produkttechnologien. Mögliche Trends zu erkennen oder zu initiieren. Anhand dieses Kriteriums soll untersucht werden, inwieweit ein innovativer Hersteller eventuelle Vorteile auf dem Markt hat.

2. Hauptkriterium: Produkt:

2.1 Unterkriterium: Hardware

Mit dem Kriterium Hardware sollen nicht die grundlegenden Komponenten wie bspw. Gehäuse, Gewicht o.ä. eines Produktes untersucht werden. Gegenstand der Betrachtung sollen, wie im Weiteren beschrieben, andere wichtige Hardwarekomponenten und deren Einfluss auf den Vermarktungsprozess sein.

2.1.1 Anpassbarkeit: Dieses Kriterium beschäftigt sich damit, inwieweit ein Anwender besonderen Wert darauflegt, dass die Komponenten verschiedener Hersteller miteinander kompatibel sind. Ein Beispiel hierfür stellt die Kompatibilität von Schrittmacherelektroden und Schrittmacheraggregaten verschiedener Hersteller dar.

2.1.2 Technischer Fortschritt: Der technische Fortschritt beinhaltet eine ständige Weiterentwicklung eines Produktes, welche auf Anwenderbeobachtungen basieren. Ziel dieser Weiterentwicklung ist eine verbesserte Nutzbarkeit des Produktes und damit eine weitere Verbesserung der Marke.

2.1.3 Portfolio: Das Portfolio zeigt die Vielfalt der angebotenen Produkte eines Herstellers. Mit diesem Kriterium soll herausgefunden werden, inwieweit die Vielfalt der Produktsegmente einen Einfluss auf die Kaufentscheidung hat.

2.1.4 CE- Zertifizierung: Bei der CE- Zertifizierung verpflichtet sich der Hersteller nach den geltenden EU-Richtlinien[191] bestimmte Kriterien sowohl bei der Produktherstellung, als auch bei dem europaweiten Vertrieb zu gewährleisten. Inwieweit die CE- Kennzeichnung für die einzelnen Kundengruppen einen wichtigen Aspekt bei der Auswahl eines Produktes darstellt, soll mit diesem Kriterium erfasst werden.

2.1.5 Klinische Studien: Vor einer endgültigen Markteinführung eines neuen Produktes sind klinische Studien mit vom Hersteller ausgewählten Zentren gesetzlich vorgeschrieben. Bei der praktischen Anwendung des Produktes werden Funktion, Handhabung und mögliche Fehlerquellen unter strenger und kritischer Beobachtung frühzeitig erfasst. Die Ergebnisse dieser klinischen Studien liefern den Anwendern und Kaufentscheidern wichtige Informationen für einen zukünftigen Kauf und Einsatz eines Produktes. An dieser Stelle soll die Wertigkeit der klinischen Studien für die jeweiligen Kundenbereiche erfasst werden.

2.2 Unterkriterium: Software

Die Funktionsweise eines Medizinproduktes wird im Wesentlichen durch moderne Computerprogramme bestimmt. Durch diese kann sowohl die Funktion, als auch die Überwachung bestimmter biologischer Prozesse erfolgen. Sie unterliegt einem stetigen Entwicklungsprozess.

2.2.1 Nachsorge: Unter dem Kriterium Nachsorge versteht man die schnelle technische Abfrage eines Medizinproduktes mit einer ggf. notwendigen Umprogrammierung.

---

[191] Die Vorschriften für Medizinprodukte ist in der EU-Richtlinie 2007/47/EG geregelt s. Vgl. Amtsblatt der europäischen Union -
http://eurlex.europa.eu/Notice.do?mode=dbl&lng1=de,de&lang=&lng2=bg,cs,da,de,el,en,es,et,fi,fr,hu,it
,lt,lv,mt,nl,pl,pt,ro,sk,sl,sv,&val=455903:cs&page=1&hwords=, Stand: 16.04.2012

Hierbei gibt es verschiedene Aspekte die für den Anwender wichtig sind, wie z.B. ein regelmäßiges Softwareupdate. Die Beantwortung der Frage, ob die einzelnen Nachsorgemerkmale, wie bspw. die Telemedizin, einen Einfluss auf die Kaufentscheidung haben, soll an dieser Stelle untersucht werden.

2.2.2 Telemedizin: Die Telemedizin ermöglicht eine Fernabfrage über das Internet- und Mobilfunknetz ohne persönlichen Patientenkontakt. Damit ist gewährleistet, dass die Daten innerhalb kürzester Zeit vom behandelnden Arzt abgerufen werden können. Somit gilt es herauszufinden, inwieweit dieses technische Feature von den Anwendern als flächendeckend in der Patientenbetreuung notwendig erachtet wird und dementsprechend auch in der Praxis eingesetzt wird.

2.3 Unterkriterium: Kosten

Der Kostenfaktor wurde eingebunden, da aufgrund von Budgetkürzungen und knappen Ressourcen im stationären und ambulanten Sektor ein zunehmender Kostendruck entsteht. Hier soll ermittelt werden, in welchem Umfang der Preis von Medizinprodukten die Kaufentscheidung zu Ungunsten modernster Entwicklung bestimmt.

2.3.1 Niedrige Kosten: Ziel dieses Kriteriums ist es, zu ermitteln, ob sich aufgrund der steigenden Kosten im Gesundheitswesen, eine alleinige Bevorzugung auf der Basis von zwar effizienten, aber zugleich kostengünstigen Produkten abzeichnet.

2.3.2 Mittelfristige Kosten: Dieses Kriterium berücksichtigt die Bereitschaft eines Anwenders einen Produktmix aus kostengünstigen „Standardgeräten" und kostenintensiveren Produktinnovationen einzusetzen.

2.3.3 Bereitschaft zu Mehrkosten: Nach der Betrachtung niedriger und mittelfristiger Kosten, soll anhand dieses Kriteriums die Bereitschaft aufgezeigt werden, sich an Produktinnovationen und neuen Technologien und den damit verbundenen Mehrkosten zu beteiligen.

2.4 Unterkriterium: Sonstiges

2.4.1 Einfaches Handling: Hierbei spielt die Bedienerfreundlichkeit eines Produktes eine entscheidende Rolle. Denn trotz Komplexität und technischem Fortschritt ist eine einfache und schnelle Handhabung mit klaren Ablaufmustern vom Anwender gewünscht.

2.4.2 Schulungsangebot: Aufgrund des rasanten technischen Fortschrittes ist eine regelmäßige interne bzw. externe Fort- und Weiterbildung dringend notwendig. Es besteht der Bedarf zur Wissensaktualisierung, da sonst eine optimale Nutzung der modernen Technik nicht möglich ist. Diese Schulungsmaßnahmen sind mit zusätzlichen Kosten verbunden, somit ist für viele Einkäufer und Anwender ein vielseitiges Angebot durchaus ausschlaggebend.

(2) Alternativenbestimmung:

In Rücksprache mit dem kooperierenden Praktikumsunternehmen wurden für die Nutzwertanalyse folgende zwei Handlungsalternativen gewählt. Zum einen soll der aktuelle Zeitraum und die gegenwärtigen Geschehnisse des Marktes betrachtet werden. Zum anderen sollen die möglichen zukünftigen Veränderungen der oben genannten Kriterien dargestellt und analysiert werden. Dabei wurde der Zeitraum ‚in bis zu 5 Jahren' gewählt.

(3) Ermittlung der Zielerfüllungsgrade:

Wie wichtig die Bedeutung der Kriterien für Einkäufer und Anwender ist, wird mit Punkten bewertet. Der Zielerfüllungsfaktor ist eine Punktzahl, die für alle Kriterien den Höchstwert aufweisen muss. In der Regel wird der Punktwert durch eine Nominalskala von 1 bis 10 ausgedrückt. Wird ein Kriterium mit einem Punkt bewertet, gilt es als unwichtig bzw. nicht ausschlaggebend. Eine Punktzahl von 10 drückt eine sehr große Relevanz aus (Tab.4).

Bedeutung des Kriteriums	Zielerfüllungsfaktor
unwichtig	1
gering	2
Gering bis eher gering	3
Eher gering	4
Eher gering bis mittel	5
Mittel	6
Mittel bis groß	7
Groß	8
Groß bis sehr groß	9
Sehr groß	10

Tab.4: Zielerreichungsgrade

(4) Gewichtung der Zielerfüllungsgrade:

Um möglichst kundenspezifische Ergebnisse zu bekommen, wurde die Gewichtung der einzelnen Kriterien individuell von jeder Kundengruppe vorgenommen.

(5) Amalgamation und Entscheidung:

Durch die Multiplikation des Zielerfüllungsgrades und der Gewichtung ergibt sich zunächst der Teilnutzwert eines Kriteriums. Darauf folgend werden die Teilnutzwerte zu einem Gesamtnutzwertaddiert.[192]

Folglich werden die Ergebnisse der Nutzwertanalyse ausgewertet und die Rangordnungen aufgestellt. In Abschnitt 5.3 erfolgen dann die Handlungsempfehlungen.

5.2.3 Auswertung:

Im folgenden Abschnitt werden die Kriterienkataloge der jeweiligen Kundengruppe ausgewertet. Um eine Überschaubarkeit zu gewährleisten, werden die Hauptkategorien Marke und Produkt separat betrachtet. Um den Rahmen der Studie nicht zu sprengen, werden die übergeordneten Unterkriterien in ihrer Gesamtheit gegenüber gestellt und untersucht. Dies dient zudem im späteren Verlauf der Aufstellung von Lösungsansätzen. Zunächst sollen die Grafiken verdeutlichen, inwieweit sich die Bedeutung der einzelnen Kriterien bei Betrachtung beider Zeiträume verändert hat. Darauffolgend wird die individuelle Gewichtung jedes Kriteriums und die sich daraus resultierende Gesamtgewichtung eines übergeordneten Unterkriteriums dargestellt.

Im ersten Schritt soll ein allgemeiner Gesamteindruck über die durchschnittliche Punktevergabe und Gewichtung jedes einzelnen Kriteriums gegeben werden. Diesbezüglich wurde zunächst der durchschnittliche Teilnutzwert und die durchschnittliche Gewichtung jedes einzelnen Kriteriums ermittelt, um später das durchschnittliche Gesamtergebnis berechnen zu können. Folglich wurden die Bewertungen aller Kundengruppen tabellarisch je nach Betrachtungszeitraum aufgelistet, die Gewichtungen grafisch dargestellt und das Gesamtergebnis von Hersteller und Produkt veranschaulicht.

---

[192] Vgl. Hanusch, H. 1994, S.174

Noch eine kurze Vorbemerkung zur Darstellung der durchschnittlichen Gewichtung:

Zur besseren Veranschaulichung wurden die einzelnen Kriterien zu 100% auf normiert. Dies ermöglichte einen besseren Vergleich zwischen den Kriterien eines übergeordneten Unterkriteriums. Dies soll am folgenden Beispiel veranschaulicht werden:

<u>Normierung auf 100%:</u>   (Ø Gewichtung Markengröße x 100%) / Σ Ø Gewichtung
Marke

(8% x 100%) / 25% = <u>32%</u>

Marke	Ø Gesamtgewichtung	Normierung auf 100%
Markengröße	8%	32%
Bekanntheitsgrad	7%	28%
Beständigkeit	10%	40%
Σ	25%	100%

Tab.5: Beispielrechnung Normierung

Auswertung Gesamt

Betrachtungszeitraum: Heute	Zuweiser A	Zuweiser B	Zuweiser C	Zuweiser D (impl.)	Zuweiser E (impl.)	Zuweiser F (impl.)	Freigemein. KH	Öffentl. KH	Private KH	HEUTE DURCHSCHNITT
	(1-10)	(1-10)	(1-10)	(1-10)	(1-10)	(1-10)	(1-10)	(1-10)	(1-10)	(1-10)
Hersteller										
Marke										
Markengröße	5	3	5	8	8	6	6	7	4	5,8
Bekanntheitsgrad	9	7	5	8	6	6	7	7	5	6,7
Beständigkeit	9	7	7	8	8	8	10	8	7	8,0
Partnerschaft										
Risikomanagement (finanziell)	3	7	5	0	0	0	9	8	8	4,4
Prozessoptimierung	9	5	6	7	10	7	10	8	8	7,8
Benchmark (Kosten-Nutzen)	3	7	5	0	8	8	8	10	8	6,3
Verbesserte Marktposition	3	5	5	8	7	7	9	5	6	6,1
Entwicklungs- und Forschungskooperatio	3	3	5	9	5	5	7	6	5	5,3
Leistungen										
Service/support	7	8	8	10	10	10	10	10	10	9,2
Kundenbetreuung	7	9	8	9	10	10	10	8	8	8,8
Innovative Entwicklung	5	7	6	9	8	7	9	8	7	7,3
Ergebnis (Hersteller)										
Produkt										
Hardware										
Anpassbarkeit	5	8	5	7	8	6	8	4	8	6,6
Techn. Fortschritt	5	4	6	8	9	7	8	8	7	6,9
Portfolio	3	3	6	8	4	7	7	5	8	5,7
CE-Zertifizierung	7	8	6	8	0	0	9	10	10	6,4
Klinische Studien	5	7	5	5	0	0	8	4	9	4,8
Software										
Nachsorge	9	8	7	8	10	8	9	6	7	8,0
Telemedizin	3	1	3	5	8	7	7	5	7	5,1
Kosten										
Niedrige Kosten			9	0	3		7	8	10	5,8
Mittelfristige Kosten	5	5	9	0		5	9	5	6	5,8
Bereitschaft zu Mehrkosten			7	0			6	5	5	4,6
Sonstiges										
Einfaches Handling	9	7	9	5	8	8	9	6	8	7,7
Schulungsangebot	9	5	7	8	7	5	9	7	8	7,0
Ergebnis (Produkt)										

Bewertungsskala: Bedeutung des Kriteriums

unwichtig (1)
gering (2-3)   rot markiert: trifft nicht zu / keine Relevanz
eher gering (4-5)
mittel (6-7)
groß (8-9)
sehr groß (10)

Abb.23: Auswertungsdatenblatt Nutzwertanalyse Gesamt, Stand: Heute

Auswertung Gesamt

Betrachtungszeitraum: in bis zu 5 Jahren	Zuweiser A	Zuweiser B	Zuweiser C	Zuweiser D (impl.)	Zuweiser E (impl.)	Zuweiser F (impl.)	Freigemein. KH	Öffentl. KH	Private KH	in bis zu 5 J. DURCHSCHNITT
Hersteller	(1-10)	(1-10)	(1-10)	(1-10)	(1-10)	(1-10)	(1-10)	(1-10)	(1-10)	(1-10)
Markengröße	5	3	5	8	9	6	6	7	4	5,9
Bekanntheitsgrad	9	7	5	6	8	6	5	7	5	6,4
Bestandigkeit	9	7	7	8	8	8	10	8	7	8,0
Partnerschaft										
Risikomanagement (finanziell)	5	7	5	0	0	0	9	10	8	4,9
Prozessoptimierung	9	5	6	10	8	8	10	8	8	8,0
Benchmark (Kosten-Nutzen)	3	9	5	8	0	9	8	10	8	6,7
Verbesserte Marktposition	3	5	5	7	9	7	9	7	6	6,4
Entwicklungs- und Forschungskooperation	3	3	5	5	9	5	7	9	7	5,9
Leistungen										
Service/support	7	10	8	10	10	10	9	10	10	9,4
Kundenbetreuung	7	10	8	10	10	10	10	8	8	9,0
Innovative Entwicklung	5	7	6	8	9	7	9	10	7	7,6
Ergebnis (Hersteller)										
Produkt										
Hardware										
Anpassbarkeit	5	9	6	10	8	6	9	8	8	7,7
Techn. Fortschritt	6	7	8	9	9	7	8	10	7	7,9
Portfolio	3	3	8	4	8	7	5	9	8	6,1
CE-Zertifizierung	8	9	6	0	8	0	9	10	10	6,7
Klinische Studien	5	10	6	0	5	0	8	8	7	5,4
Software										
Nachsorge	9	10	9	10	9	8	9	9	7	8,9
Telemedizin	7	5	4	10	7	8	9	8	10	7,6
Kosten										
Niedrige Kosten		8	9	3	0	5	7	10	10	6,3
Mittelfristige Kosten	5	8	9		0		9	9	6	6,6
Beratschaft zu Mehrkosten			7		0		6	5	7	5,0
Sonstiges										
Einfaches Handling	9	9	9	8	9	8	9	8	6	8,3
Schulungsangebot	9	9	7	7	8	5	7	10	9	7,9
Ergebnis (Produkt)										

Bewertungskala: Bedeutung des Kriteriums

unwichtig (1)
gering (2-3)
eher gering (4-5)
mittel (6-7)
groß (8-9)
sehr groß (10)

rot markiert: trifft nicht zu / keine Relevanz

Abb. 24: Auswertungsdatenblatt Nutzwertanalyse Gesamt, Stand: in bis zu 5 Jahren

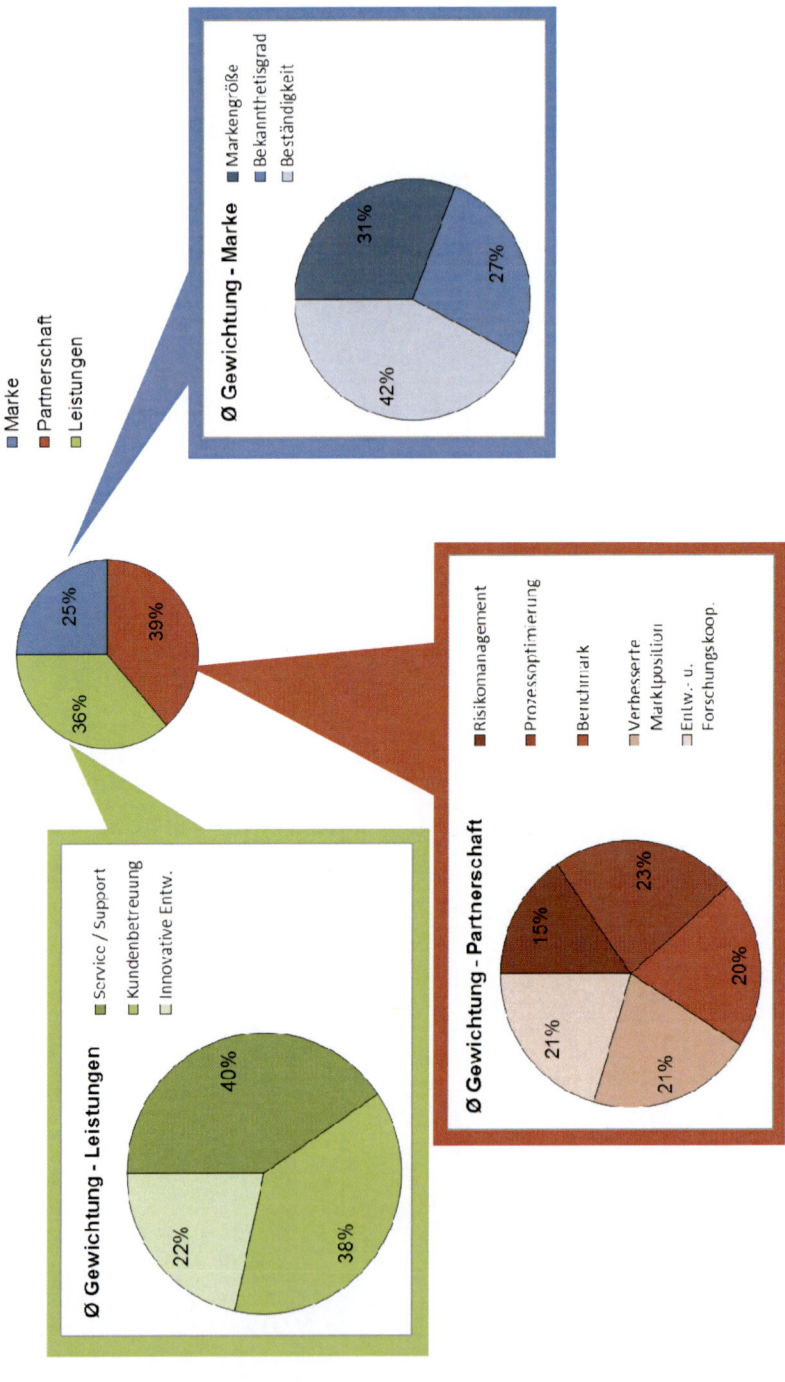

Ø Gesamtgewichtung - Hersteller

- Marke
- Partnerschaft
- Leistungen

Ø Gesamtgewichtung – Hersteller: Marke 25%, Partnerschaft 39%, Leistungen 36%

Ø Gewichtung - Marke
- Markengröße: 27%
- Bekanntheitsgrad: 31%
- Beständigkeit: 42%

Ø Gewichtung - Partnerschaft
- Risikomanagement: 23%
- Prozessoptimierung: 20%
- Benchmark: 21%
- Verbesserte Marktposition: 21%
- Entw.- u. Forschungskoop.: 15%

Ø Gewichtung - Leistungen
- Service / Support: 40%
- Kundenbetreuung: 38%
- Innovative Entw.: 22%

Abb. 25: Ø Gesamtgewichtung – Hersteller (Eigene Darstellung)

Ø Gesamtgewichtung - Produkt

- Hardware
- Software
- Kosten
- Sonstiges

Hardware: 37%
Software: 23%
Kosten: 17%
Sonstiges: 23%

Ø Gewichtung - Hardware
- Anpassbarkeit: 34%
- Techn. Fortschritt: 29%
- Portfolio: 12%
- CE-Zertifizierung: 14%
- Klinische Studien: 11%

Ø Gewichtung - Software
- Nachsorge: 57%
- Telemedizin: 43%

Ø Gewichtung - Kosten
- Niedrige Kosten: 70%
- Mittelfristige Kosten: 18%
- Bereitschaft zu Mehrkosten: 12%

Ø Gewichtung - Sonstiges
- Einfaches Handling: 58%
- Schulungsangebot: 42%

Abb.26: Ø Gesamtgewichtung – Produkt (Eigene Darstellung)

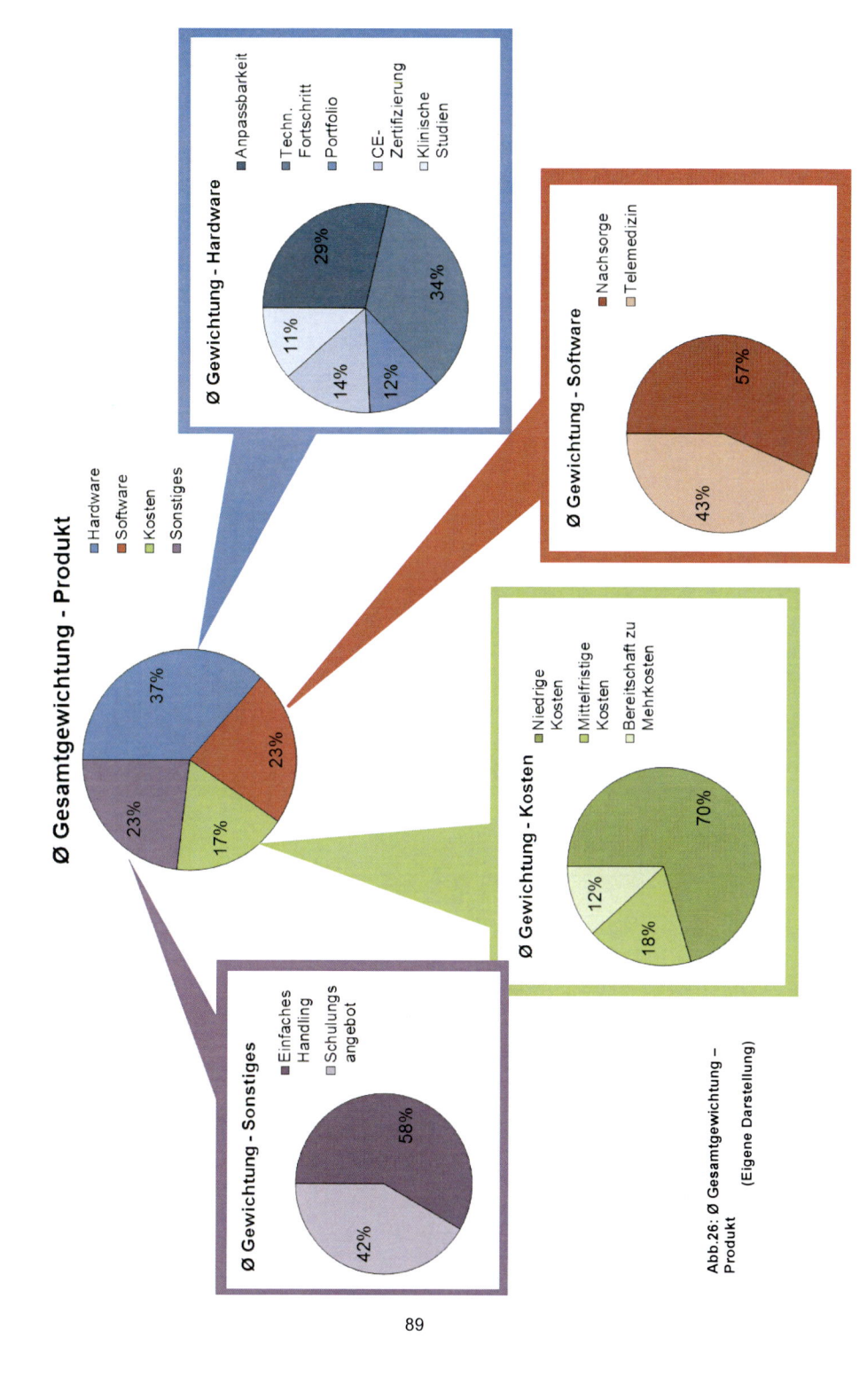

Ø Gesamtergebnis Hersteller:

Das durchschnittliche Gesamtergebnis zum Bewertungskriterium Hersteller belegt, dass nur geringe Veränderungen für die Zukunft zu erwarten sind. Die Bedeutung der Marke ist sowohl in der Gegenwart, als auch in bis zu 5 Jahren für die Befragten von gleichbleibender Bedeutung. Dem hingegen werden Partnerschaften und Leistungsangebot, wie das folgende Diagramm verdeutlicht, in der Zukunft eine gering wachsende Bedeutung beigemessen.

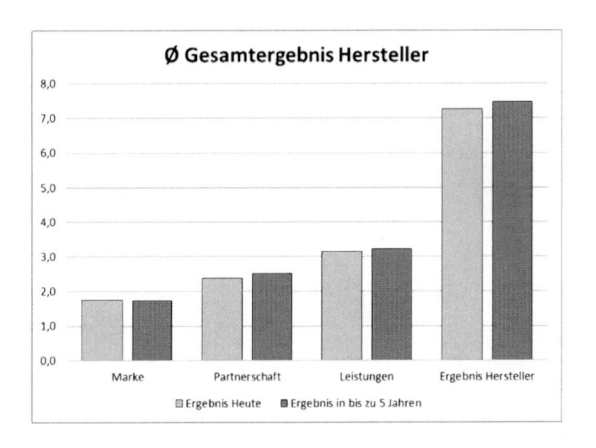

Abb.27: Ø Gesamtergebnis Hersteller (Eigene Darstellung)

Ø Gesamtergebnis Produkt:

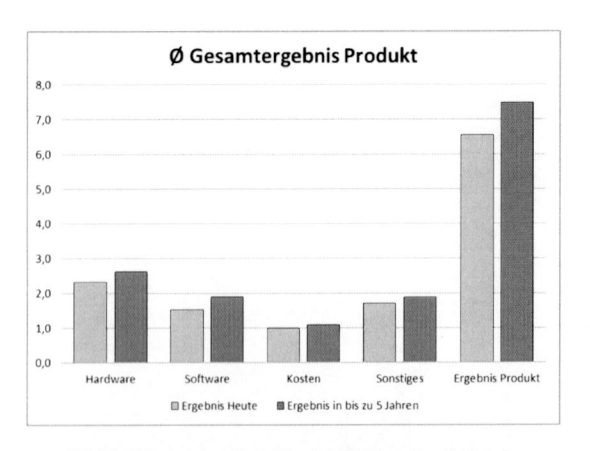

Abb.28: Ø Gesamtergebnis Produkt (Eigene Darstellung)

Die grafische Darstellung veranschaulicht, das durchschnittliche Gesamtergebnis zum Produkt. Die Interviewpartner legen in Zukunft einen verstärkten Fokus auf die Produkteigenschaften Hardware und Software. Im Gegensatz zur Herstellerbewertung gaben alle Befragten an, dass das Produkt mit seinen Eigenschaften zukünftig mehr Einfluss auf eine Kaufentscheidung haben wird.

Um eine genauere und kundenspezifischere Aussage zu treffen, werden die übergeordneten Unterkriterien jeder Hauptkategorie einzeln betrachtet und ausgewertet.

Bei der weiteren Auswertung werden zur besseren Vergleichbarkeit mit den Kliniken von den befragten niedergelassen Ärzten nur Diejenigen heran gezogen, welche ambulant operativ tätig sind. Die reinkonservativ tätigen niedergelassen Ärzte sind nicht direkt mit den Kliniken vergleichbar, stellen aber ein wichtiges Bindeglied zwischen Patient und Klinik sowohl bei der Zuweisung zur Implantation, als auch in der Nachsorge dar.

Hersteller

Unterkriterium Marke

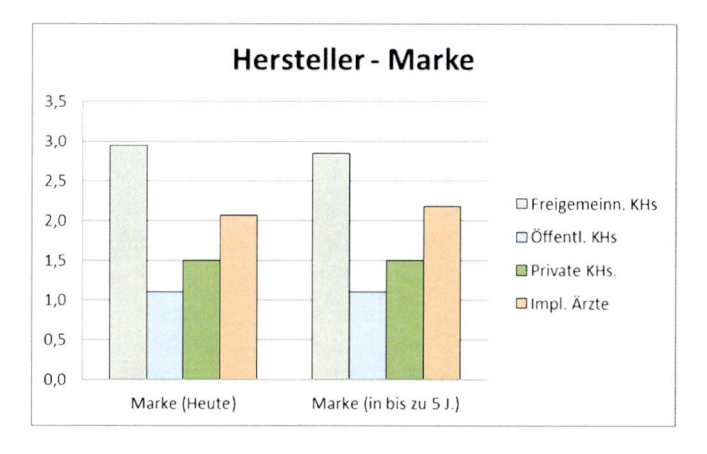

Abb.29: Hersteller – Ergebnis Marke (Eigene Darstellung)

Wie sich bereits in der durchschnittlichen Gesamtbewertung zeigt, wird der Marke in Zukunft keine größere Bedeutung beigemessen, als in der Gegenwart. Für die einzelnen Kundengruppen hat das Kriterium Marke zwar eine unterschiedliche Relevanz, diese wird jedoch in Zukunft annähernd gleich bleiben. Für die Gruppe der freigemeinnützigen und implantierenden Anwender, ist die Marke ein wichtiges Entscheidungskriterium zum Kauf eines Produktes. Das Ergebnis beider deutet darauf hin, dass auf eine gleichbleibende Qualität und Stärke der Marke geachtet wird, um damit mögliche Risiken grundlegend zu minimieren. Aufgrund der stetigen Gewinnorientierung der privaten Krankenhausträger, tritt das Kriterium Marke hier eher in den Hintergrund. Es fällt auf, dass im Bereich der öffentlichen Trägerschaft der Marke die geringste Bedeutung zugesprochen wird. Vermutlich basiert dieses Ergebnis darauf, dass die Bereitschaft zur innovativen Entwicklung eines Herstellers relevanter ist, als eine stabile Marke.

Unterkriterium Partnerschaft

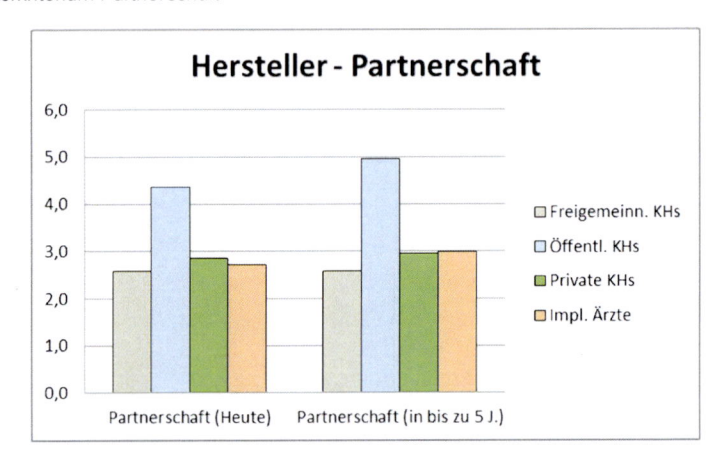

Abb.30: Hersteller – Ergebnis Partnerschaft (Eigene Darstellung)

In dieser Darstellung verdeutlicht sich, dass der Stellenwert Partnerschaft sowohl in der Gegenwart, als auch in der zukünftigen Betrachtung annähernd gleich bleibt. Im Vergleich zu den anderen Trägerschaften ist es auffällig, dass eine stabile Partnerschaft für die öffentlichen Einrichtungen derzeit und zukünftig mit leicht steigender Tendenz besonders wichtig ist. Hierbei steht besonders eine Entwicklungs- und Forschungskooperation im Fokus.[193]

---

[193] Siehe Anhang 1

Unterkriterium Leistungen

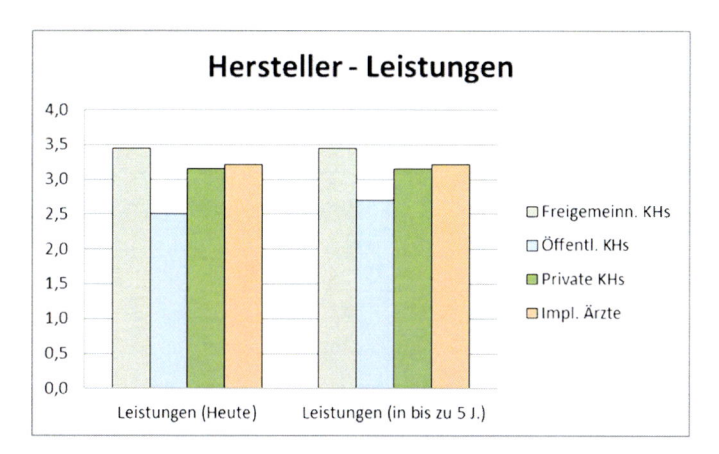

Abb.31: Hersteller – Ergebnis Leistungen (Eigene Darstellung)

Im Gegensatz zu den vorherigen Kriterien zeigt sich, dass das Leistungsangebot eines Herstellers für alle Kundengruppen die größte Relevanz hat. Besonders hervor zu heben sind hierbei die Aspekte Service und Kundenbetreuung.[194] Auch in Zukunft liegt der Fokus vermehrt auf dem Sektor Leistungen.

Aufteilung der Gewichtungen in der Hauptkategorie Hersteller[195]:

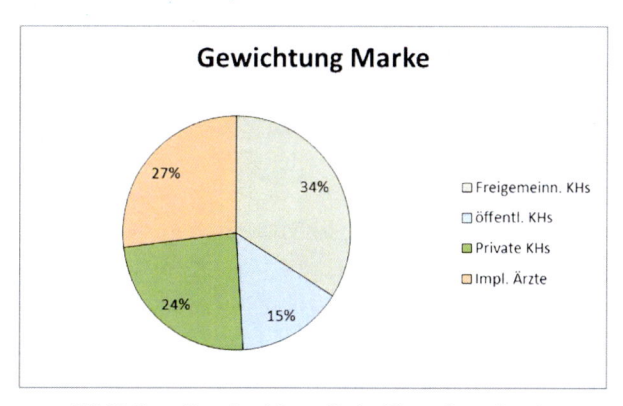

Abb.32: Hersteller – Gewichtung Marke (Eigene Darstellung)

---

[194] Siehe Anhang 1-4
[195] Zur besseren Veranschaulichung wurden auch hier die einzelnen Gewichtungswerte auf 100% normiert.

Gewichtung Partnerschaft

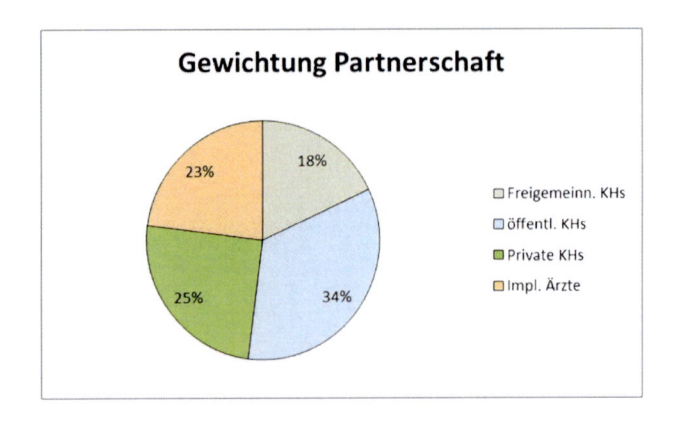

- Freigemeinn. KHs: 18%
- öffentl. KHs: 34%
- Private KHs: 25%
- Impl. Ärzte: 23%

Abb.33: Hersteller – Gewichtung Partnerschaft (Eigene Darstellung)

Gewichtung Leistungen

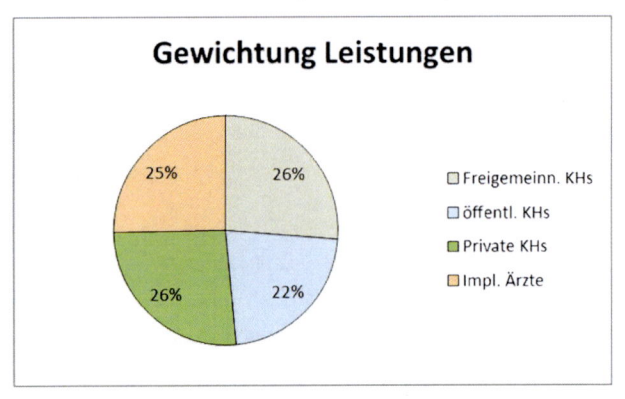

- Freigemeinn. KHs: 26%
- öffentl. KHs: 22%
- Private KHs: 26%
- Impl. Ärzte: 25%

Abb.34: Hersteller – Gewichtung Leistungen (Eigene Darstellung)

Wie bereits vermutet wurde, zeigt sich auch bei der Verteilung der Gewichtungen, dass im öffentlichen Krankenhaussektor der Fokus verstärkt auf der Partnerschaft (34%) liegt. Während dessen legen Kliniken in freigemeinnütziger Trägerschaft besonderes Gewicht auf die Marke. Demgegenüber ist die Verteilung der Gewichtung bei den privaten Krankenhäusern und den implantierenden Ärzten annähernd synchron.

Produkt

Unterkriterium Hardware

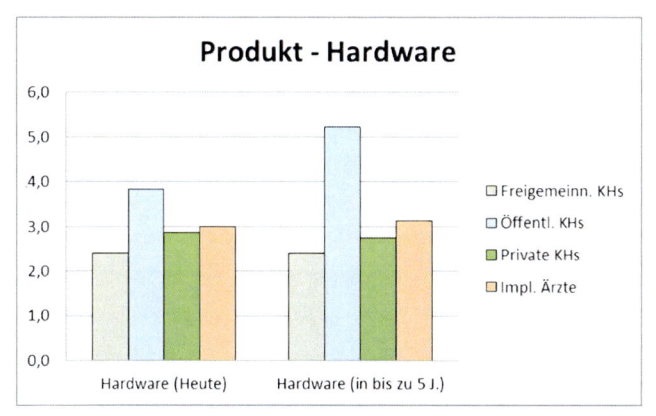

Produkt - Hardware

	Hardware (Heute)	Hardware (in bis zu 5 J.)
Freigemeinn. KHs	2,4	2,4
Öffentl. KHs	3,8	5,2
Private KHs	2,85	2,75
Impl. Ärzte	3,0	3,1

Abb.35: Produkt – Ergebnis Hardware (Eigene Darstellung)

Aus dieser Abbildung wird ersichtlich, dass die Hardwarekriterien insbesondere Anpassbarkeit und technischer Fortschritt für alle Kundengruppen in Gegenwart und Zukunft eine gleichbleibend wichtige Rolle spielen.[196] Die Kliniken mit öffentlichen Trägern legen im Gegensatz zu den anderen Kundengruppen auch hier höheren Wert auf die Hardware. Es ist zu vermuten, dass auch hier der Innovationsfaktor im Vordergrund steht.

Unterkriterium Software

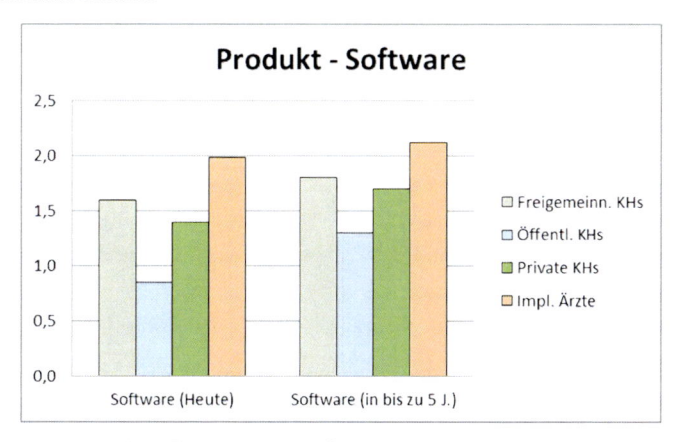

Produkt - Software

	Software (Heute)	Software (in bis zu 5 J.)
Freigemeinn. KHs	1,6	1,8
Öffentl. KHs	0,85	1,3
Private KHs	1,4	1,7
Impl. Ärzte	2,0	2,1

Abb.36: Produkt – Ergebnis Software (Eigene Darstellung)

---

[196] Siehe Anhang 1-4

Die vorausgehende Grafik veranschaulicht, dass für alle Befragten das Interesse im Softwarebereich unterschiedlich gewichtet ist. Aufgrund dessen, dass die Nachsorgeleistungen verstärkt im niedergelassenen Bereich erbracht werden, legt dieser Bereich besonderes Interesse auf eine kundenorientierte und anwenderfreundliche Software. Insbesondere von der Telemedizin wird zukünftig eine herausragende Rolle erwartet. Gerade hier erhofft man sich eine positive Entwicklung in Bezug auf die Patientenbetreuung.[197]

Unterkriterium Kosten

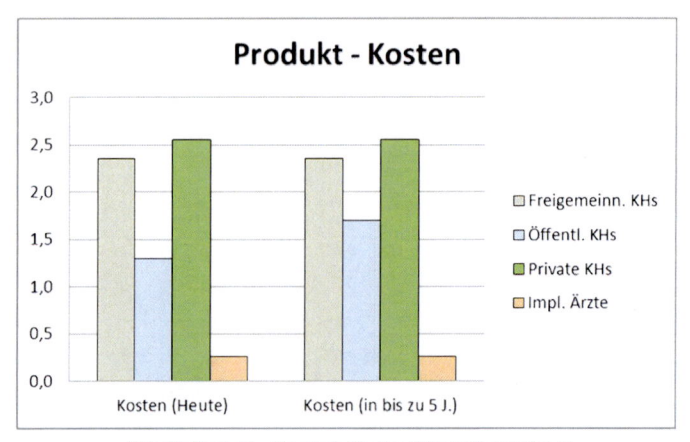

Abb.37: Produkt – Ergebnis Kosten (Eigene Darstellung)

Mit Ausnahme der öffentlichen Trägerschaften, wird dem Kostenfaktor heute und in Zukunft eine gleichbleibende Bedeutung beigemessen. Die Abbildung verdeutlicht, dass zwischen den einzelnen Kundengruppen eine unterschiedliche Wertigkeit der Kostenkriterien zu verzeichnen ist. Für die privaten Krankenhausträger spielt der Kostenfaktor insbesondere geringe Kosten eine entscheidende Rolle.[198] Hier zeigt sich nochmals in besonderer Weise, dass der private Krankenhaussektor gewinnorientiert arbeitet. Währenddessen die ambulant implantierenden niedergelassenen Ärzte aufgrund ihrer Vertragsstrukturen kaum Einfluss auf die Kosten nehmen können, was sich hier in der niederen Wertigkeit manifestiert.[199] Demgegenüber stehen die freigemeinnützigen und öffentlichen Krankenhäuser. Diese legen sowohl heute, als auch in den nächsten 5 Jahren einen besonderen Wert auf einen ausgewogenen Produktmix, was sich in dem Kriterium mittelfristige Kosten wiederspiegelt.[200] Die in Zukunft größere

---

[197] Siehe Anhang 4-5
[198] Siehe Anhang 2
[199] Siehe Anhang 4
[200] Siehe Anhang 1 und 3

Wertigkeit des Kostenfaktors bei dem öffentlichen Sektor ist sicher aus der zunehmenden Bereitschaft zu Mehrkosten bei der Nutzung innovativer Technik zu erklären.

Unterkriterium Sonstiges

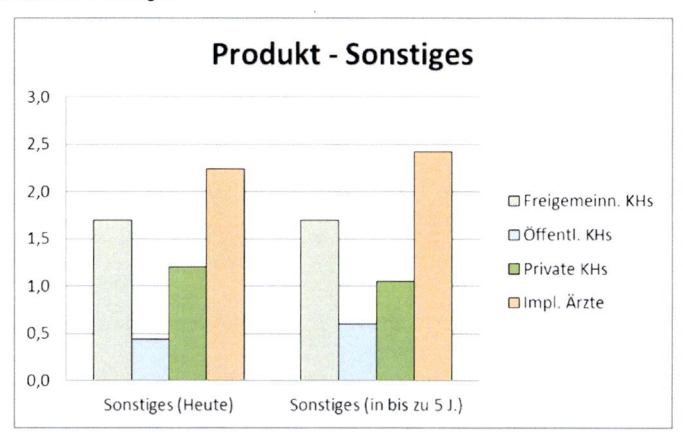

Abb.38: Produkt – Ergebnis Sonstiges (Eigene Darstellung)

Das Schulungsangebot und das einfache Produkthandling werden sowohl gegenwärtig, als auch mit gering zunehmender Bedeutung zukünftig für alle Kundengruppen eine relevante Rolle spielen.[201] Aus der Grafik ist ersichtlich, dass die niedergelassenen Ärzte auf gute Schulungsangebote und einfaches Handling den größten Wert legen.[202] Grund hierfür ist die kontinuierliche Patientenbetreuung im Nachsorgebereich.

---

[201] Siehe Anhang 1-4
[202] Siehe Anhang 4 und 5

Aufteilung der Gewichtungen in der Hauptkategorie Produkt[203]:

Gewichtung Hardware

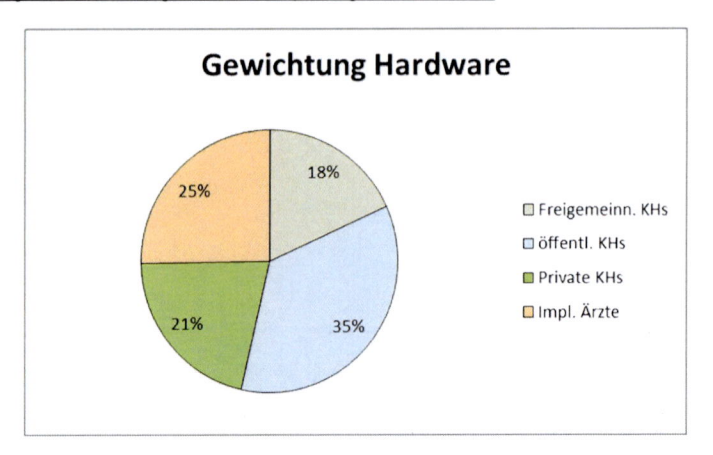

- Freigemeinn. KHs: 18%
- öffentl. KHs: 35%
- Private KHs: 21%
- Impl. Ärzte: 25%

Abb.39: Produkt – Gewichtung Hardware (Eigene Darstellung)

Gewichtung Software

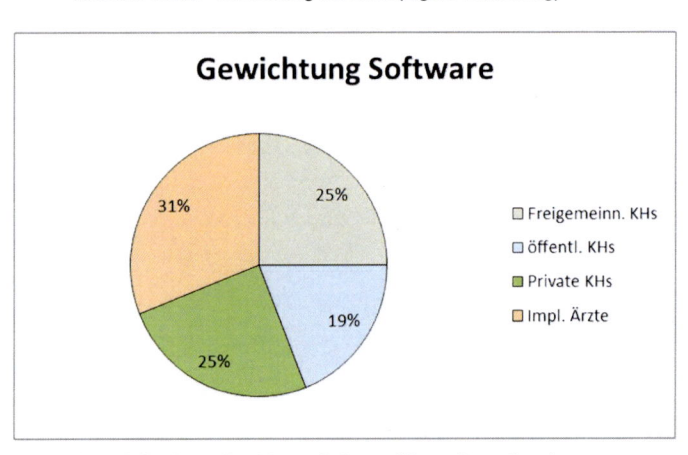

- Freigemeinn. KHs: 25%
- öffentl. KHs: 19%
- Private KHs: 25%
- Impl. Ärzte: 31%

Abb.40: Produkt – Gewichtung Software (Eigene Darstellung)

---

[203] Zur besseren Veranschaulichung wurden auch hier die einzelnen Gewichtungswerte auf 100% normiert.

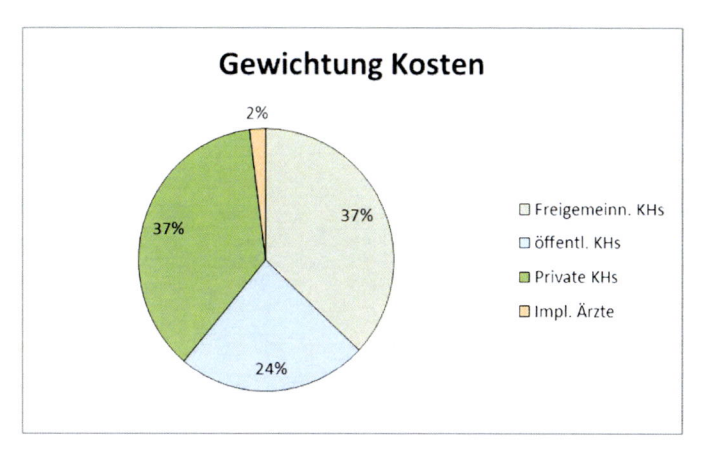

Abb.41: Produkt – Gewichtung Kosten (Eigene Darstellung)

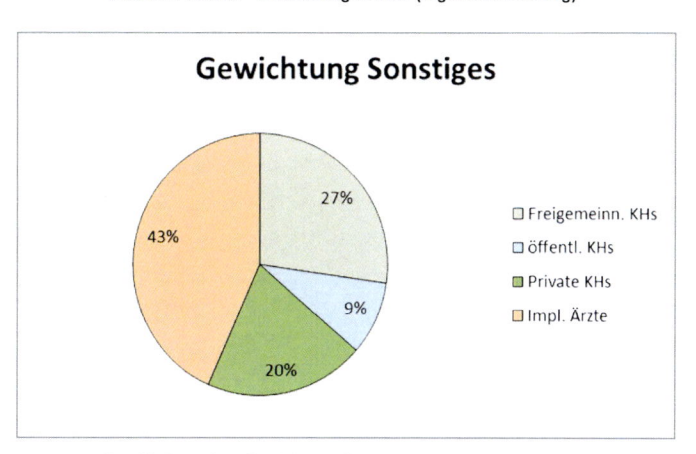

Abb.42: Produkt – Gewichtung Sonstiges (Eigene Darstellung)

Die vorab geäußerten Schlussfolgerungen werden durch die grafische Veranschaulichung der prozentualen Gewichtung im vollen Umfang bestätigt.

Ergebnis Hersteller vs. Ergebnis Produkt

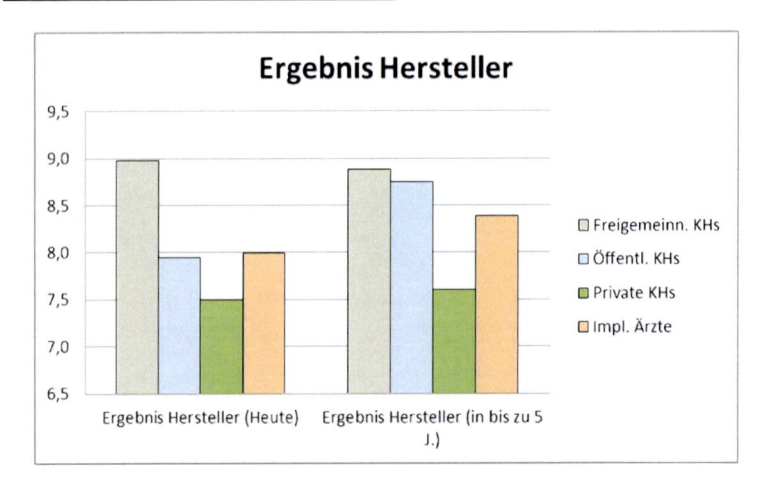

Abb.43: Kundenspezifisches Ergebnis Hersteller (Eigene Darstellung)

Zusammenfassend zeigt sich, dass bei der Gegenüberstellung der Gesamtergebnisse von Hersteller und Produkt den einzelnen Kundengruppen besondere Interessenfelder zu zuordnen sind. Die grafische Darstellung veranschaulicht, dass bei öffentlichen stationären Einrichtungen ein verstärkter Fokus auf Forschung und Entwicklung in Verbindung mit Kooperationsformen liegt. Das spiegelt sich auch im Bereich der Hardware wieder. Die niedergelassenen Ärzte wiederum legen besonderen Wert auf die Stabilität eines Produktes, was sich im Kriterium Marke wiederfindet und besonderes Feature Telemedizin, was sich im Kriterium Produkt wiederspiegelt.

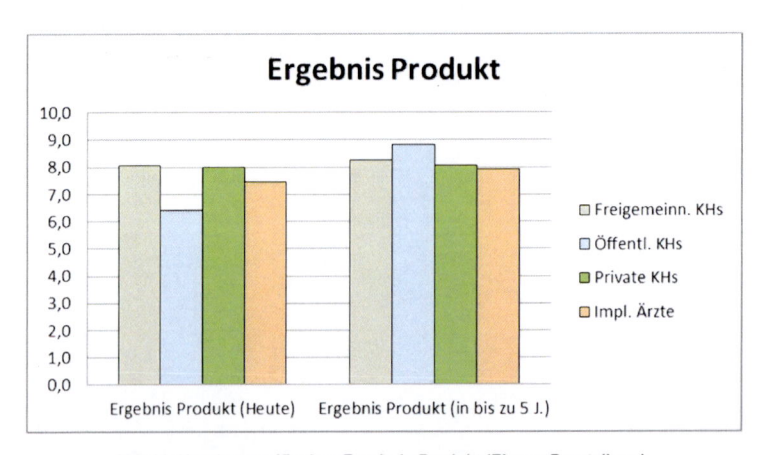

Abb.44: Kundenspezifisches Ergebnis Produkt (Eigene Darstellung)

5.2.4 Zielhierarchie

Der Aufbau der Zielhierarchie macht deutlich, dass hier zwischen markenspezifischen und produktspezifischen Zielen unterschieden wird. Jedoch zeigt sich, dass bestimmte Ziele gegenseitig bedingen und ergänzen.

Um zu verdeutlichen, welche Gedanken und Zusammenhänge der Grafik zu Grunde liegen, werden die einzelnen Stränge der beiden Bäume erläutert.

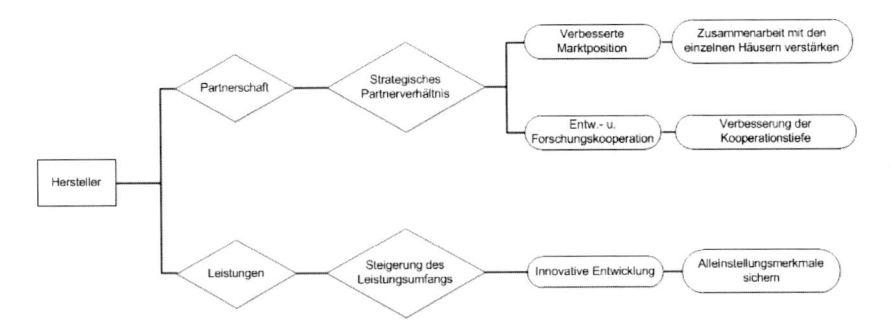

Abb.45: Zielbaum Hersteller (eigene Darstellung)

1. Strategisches Partnerverhältnis

Um ein strategisches Partnerverhältnis zu bilden, ist neben der Verbesserung der Marktposition die gleichzeitige Entwickungs- und Forschungskooperation von entscheidender Bedeutung.

<u>1.1 Verbesserte Marktposition</u>

Um die Marktposition zu verbessen und Wettbewerbsvorteile auszunutzen, sollte die Zusammenarbeit mit den einzelnen Krankenhäusern verstärkt werden. Besonderer Fokus ist für die Kliniken dabei die gemeinsame Entwicklung und Forschung.

<u>1.2 Entwicklungs- und Forschungskooperation</u>

In diesem Bereich sollte vor allem die Bereitschaft zu einer Kooperation verbessert werden. Den Kliniken ist nicht nur die Kaufabwicklung, sondern auch der gemeinsame Nutzen einer Partnerschaft wichtig. Hierbei richtet sich der Weg hin zu einer Technologiepartnerschaft.

2. Steigerung des Leistungsumfangs

2.1 Innovative Entwicklung

Die innovative Entwicklung eines Herstellers steht bei allen Kundengruppen im Mittelpunkt der Betrachtung. Gerade bei den öffentlichen Trägern steht sie in Verbindung mit einer Entwicklungs- und Forschungskooperation.

Produkt
- Hardware → Verringerung des Produktumfanges
  - Anpassbarkeit → Überschwemmung des Marktes mit vielen verschieden Produkten und Systemen vermeiden
  - Techn. Fortschritt → Zuverlässigkeit sichern, Produktinnovationen
- Software → Verringerung des Arbeitsumfanges
  - Telemedizin → Optimierung der Datenflut, mehr Produkte mit diesem techn. Feature ausrüsten
- Kosten → Steigerung des Innovationsfaktors
  - Mittelfristige Kosten → Bereitstellung eines optimalen Produktmixes
  - Bereitschaft zu Mehrkosten → In Verbindung mit einer gemeinsamen Forschung und Entwicklung
- Sonstiges → Verbesserung der Arbeitsorganisation
  - Schulungsangebot → Erhöhtes Angebot an Schulungs- und Weiterbildungsprogrammen im Bereich der Telemedizin

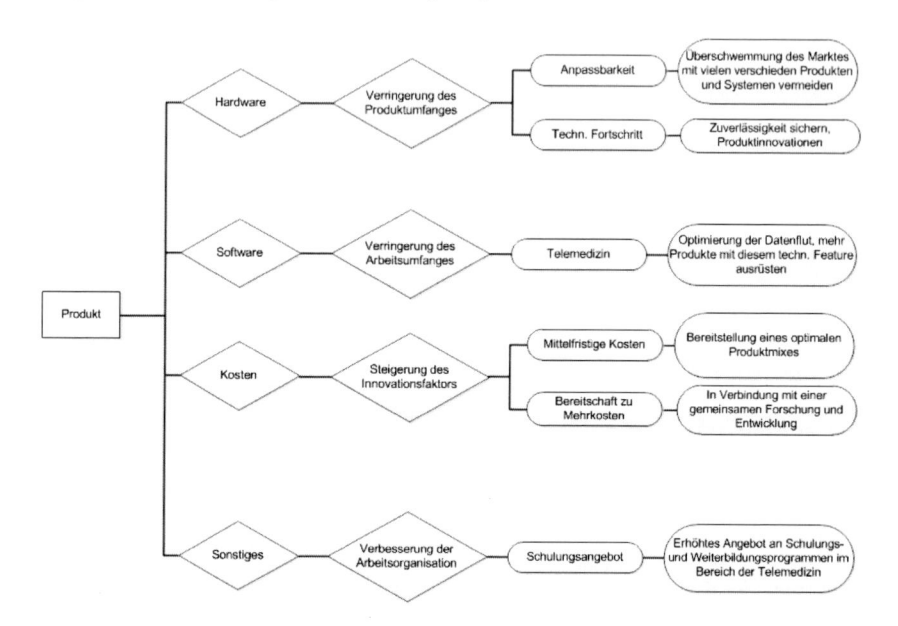

Abb.46: Zielbaum Produkt (eigene Darstellung)

3. Verringerung des Produktumfanges

In den einzelnen Befragungen hat sich besonders gezeigt, dass den Anwendern kompakte Produktlösungen wichtig sind. Dabei spielt sowohl die Anpassbarkeit der Produkte, als auch der technische Fortschritt eine entscheidende Rolle.

3.1 Anpassbarkeit

Im Vordergrund steht hierbei besonders der Aspekt verschiedene Produktkomponenten mehrerer Hersteller miteinander zu verknüpfen. Aus Sicht der Kaufentscheider und der Anwender ist es daher unvorteilhaft, aus einer Masse von verschiedenen Produktsystemen entscheiden zu müssen.

3.2 Technischer Fortschritt

Zum einen ist den Anwendern der technische Fortschritt wichtig, zum anderen legen sie einen hohen Wert auf die Zuverlässigkeit eines Produktes. Dies ist gerade beim Einsatz von Defibrillatoren ein sehr wichtiger Punkt. Sobald es zu Fehlfunktionen eines Aggregates kommt bspw. eine Fehlerkennung, kann diese durch Auslösung eines inadäquaten Schocks dem Patienten Schmerzen zufügen.[204] Solche Fehlfunktionen können zu Störungen der Psyche des Patienten führen.

4. Verringerung des Arbeitsumfanges

Um den Arbeitsumfang der Anwender zu verringern, ist hierbei eine zuverlässige Software notwendig.

Telemedizin

Das Prinzip und die Funktionalität der Telemedizin sind grundsätzlich sehr hilfreich für die Anwender. Jedoch ist es bzgl. der Anwenderfreundlichkeit essentiell, dass eine Optimierung der derzeit bestehenden Datenflut stattfindet. Des Weiteren sollte dieses technische Feature flächendeckend auf alle Produkte angewendet werden. Die zeitnahe Übermittlung von Fehlfunktionen oder relevanten Herzrhythmusstörungen via Internet oder Mobilfunknetz kann gerade auch beim Einsatz der Telemedizin im Defibrillatorbereich schwerwiegende Folgen für den Patienten verhindern.

5. Steigerung des Innovationsfaktors

Laut den Befragten ist der Anreiz mittelfristige Kosten oder gar Mehrkosten einzugehen stark vom Innovationsfaktor eines Herstellers abhängig.

5.1 Mittelfristige Kosten

Um eine optimale und weitreichende Patientenbetreuung zu gewährleisten, ist die Bereitstellung eines ausgeglichenen und kostenoptimierten Produktmixes von hoher Bedeutung.

5.2 Bereitschaft zu Mehrkosten

Die Bereitschaft zu Mehrkosten besteht dann, wenn ein Produkt über einen für die Patientenbetreuung wichtigen technischen Fortschritt verfügt.

---

[204] Unter einem inadäquaten Schock eines implantierbaren Defibrillators wird das Auslösen einer Defibrillation durch Fehlerkennung einer Vorhoftachykardie oder eines Sondendefektes bezeichnet. s. Vgl. Pinger, S. 2001, S.317-320

6. Verbesserung der Arbeitsorganisation

Um die Arbeitsprozesse zu optimieren sollte das Spektrum der Schulungsmöglichkeiten zusätzlich noch erweitert werden.

Schulungsangebot

Gerade in Bezug auf den Nutzen und die Funktionsweise der Telemedizin sollte das Angebot von Schulungs- und Weiterbildungsprogramme erhöht werden.

5.3 Aufstellung eines Lösungskonzepts

Wie die Ergebnisse der Umfrage belegen, spielen bei der Beschaffung von medizintechnischen Geräten viele Faktoren für die Anwender und Kaufentscheider eine wichtige Rolle. Nach ausführlicher Betrachtung wurden jedoch durchaus Unterscheide bei der Relevanz jedes Kriterium zwischen den Kundengruppen entdeckt. Somit sollen die verschiedenen Lösungsansätze effizient und konstruktiv auf die jeweilige Kundengruppe zugeschnitten sein.

Freigemeinnützige Trägerschaften

Um als Hersteller die Zusammenarbeit mit den freigemeinnützigen Krankenhausträgern zu verstärken, muss auf folgende spezifische Bedürfnisse eingegangen werden. Der größte Fokus liegt bei dieser Kundengruppe auf einer preisbewussten optimierten Patientenbetreuung. Um diesem Wunsch gerecht zu werden, sollte der Hersteller ein ausgewogenes Portfolio anbieten, welches einerseits aus qualitativ hochwertigen Basisprodukten und andererseits aus neu erforschten Produktinnovationen besteht. Dieser Produktmix ermöglicht zum einen eine optimale Basisversorgung von einfachen Herzrhythmusstörungen und zum anderen die Versorgung von jungen Patienten mit komplexeren Bedürfnissen. Gerade bei den jungen Patienten kann so bspw. eine Frequenzanpassung bei sportlicher Betätigung oder der Einsatz der telemedizinischen Abfrage erfolgen. In Anbetracht dessen, dass die freigemeinnützigen Krankenhausträger keine Maximalversorger sind, spielt die Flexibilität eines Herstellers in Punkto Anpassbarkeit der Produktvielfalt und –stabilität eine wichtige Rolle. Um dem Interesse an einer weitergehenden Prozessoptimierung nachgehen zu können, ist es für die Hersteller essentiell die Bereitstellung von Softwareupdates und Weiterbildungsprogrammen zu verbessern.

Öffentliche Trägerschaften

Im Gegensatz zu den anderen Kundengruppen steht bei den öffentlichen Einrichtungen die Vertiefung von Entwicklungs- und Forschungskooperationen im Vordergrund. Um diesem Anspruch gerecht zu werden, sollte ein Hersteller die Entwicklung von neuen Technologien stetig vorantreiben. Hierbei ist es für die öffentlichen Träger von hoher Bedeutung gemeinsame klinische Studien im Rahmen einer Kooperation durchzuführen, um modernste Technik marktfähig und flächendeckend einsetzbar machen zu können. Durch eine kontinuierliche innovative Entwicklung kann sich ein Hersteller somit ein Alleinstellungsmerkmal sichern. Dadurch dass der Faktor Kosten in dieser Gruppe eine eher untergeordnete Rolle spielt und der Fokus verstärkt auf dem technischen Fortschritt eines Produktes liegt, ist eine größere Bereitschaft zu Mehrkosten gegeben. Ein Hersteller sollte diesem Interesse mit einem Angebot modernster Produkte nachgehen. Bedingt durch das Interesse am Innovationsfaktor eines Herstellers, ist auch hier die Nachfrage nach einem breiten Spektrum des Schulungsangebots sehr groß.

Private Trägerschaften

Aufgrund dessen, dass die Kliniken in privater Trägerschaft in erster Linie gewinnorientiert arbeiten, ist es hier für einen Hersteller besonders schwer eine kundenorientierte Lösung zu entwickeln. Dadurch, dass die Gewinnmarge und der geringe Anschaffungspreis eines Produktes im Mittelpunkt stehen, wird meist der Hersteller mit den geringsten Kosten präferiert. Somit zeigt sich gerade im privaten Krankenhaussektor, dass die in Abschnitt 5.1.2 dargestellten Kräfte 1, dass präferieren von günstigeren Substitutionsgütern, und 2, die Stärke des Käufers, verstärkt wirken.

Zuweiser

Die Bedürfnisse der Zuweiser sind aufgrund der ambulanten Nachsorgeleistungen in anderen Bereichen zu finden. Aufgrund der stetig steigenden Patientenzahlen stehen vor allem die Zeitersparnis und die Optimierung der Nachsorge im Vordergrund. Besonderer Wert wird dabei auf einfaches Handling und schnelle Abläufe, sowie eine übersichtliche Bedienoberfläche der Nachsorgegeräte gelegt. Um die Nachsorge für den individuellen Patienten optimal zu gestalten, sollten hier umfangreiche Schulungsangebote und regelmäßige Softwareupdates angeboten werden. Dem Bereich der Telemedizin messen die niedergelassen Ärzte vor allem in der Zukunft Bedeutung bei. Um die Telemedizin verstärkt in dem ambulanten Sektor etablieren zu können, bedarf es seitens des Herstellers seiner weiteren Optimierung der Funktionalität. Besonderes Augenmerk wird auf die Reduzierung der Datenflut gelegt. Ein Beispiel hierfür wäre eine bessere Differenzierung von ‚wichtigen' und ‚unwichtigen' Daten. Gerade im niedergelassenen Bereich bedarf es zusätzlichen Schulungen, um den Nutzen und die Funktionsweise der telemedizinischen Geräte zu veranschaulichen. Aufgrund der Überalterung und der zunehmenden Pflegebedürftigkeit der Bevölkerung haben die befragten Ärzte einen besonderen Service angeboten. Schrittmacher- und Defibrillatorkontrollen werden im Haus- und Pflegeheimbesuch nachgesorgt. Ein weiteres Bedürfnis seitens der zuweisenden Ärzte besteht darin, die Abfragegeräte in Bezug auf Transportfähigkeit, robustem Gehäuse und entsprechend niedrigem Gewicht zu verbessern.

5.4 Beurteilung und Umsetzung des Lösungskonzepts

Sämtliche Lösungsansätze sind für den Hersteller im entsprechenden Zeitfenster umsetzbar und werden im nachfolgenden Zeitstrahl dargestellt.

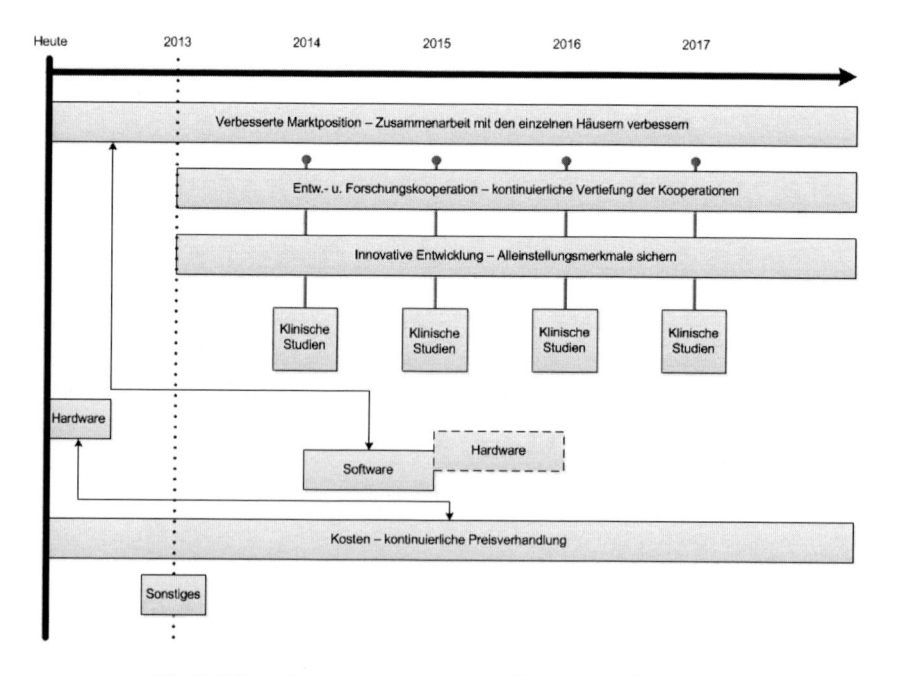

Abb.47: Zeitliche Umsetzung Lösungskonzept (eigene Darstellung)

Die Umsetzung des Lösungskonzeptes kann als erstes mit der Verbesserung der Zusammenarbeit mit der jeweiligen Klinik beginnen. Dazu sollte eine Optimierung der Kundenbetreuung vor Ort durch Schulung und Weiterbildung der Servicemitarbeiter, insbesondere in der Promotion und im Servicebereich sowie bei der Zusammenstellung von individuell abgestimmten Portfolios erfolgen. Gegebenenfalls muss die kundenbezogene Betreuung durch Einstellung neuer Kundendienstmitarbeiter erzielt werden. Dieser Prozess sollte kontinuierlich weiter gestaltet werden. Durch die Außendienstmitarbeiter könnte produktbezogene gemeinsame Weiterbildungen innerhalb der Kooperationsgemeinschaften wie z.B. Zuweiser und Kliniken organisiert werden. Die Umsetzung im Softwarebereich, insbesondere regelmäßige Bereitstellung von Softwareupdates kann ebenfalls sofort umgesetzt und kontinuierlich aufgebaut werden. Die optimierte Bereit- und Zusammenstellung von Produktmixen kann nach Fokussierung auf eine bestimmte Produktpalette erfolgen. Da dazu eine Umstellung im Produktionsbereich notwendig ist, ist die Umsetzung in zwei bis drei Jahren realisierbar. Die kontinuierliche produktbezogene Preisverhandlung kann unmittelbar starten und sollte durch ständigen Vergleich mit Marktmitbewerben aktuell gestaltet werden. Die Entwicklung und Forschung an innovativen Produkten kann ebenfalls zeitnah realisiert werden und sollte durch Einbeziehung von Anwenderbefragungen und jährlichen klinischen Studien zur Praxistauglichkeit erweitert werden. Auch die Optimierung und flächendeckende Einführung der Telemedizin ist ein langfristiger nicht unmittelbar umsetzbarer Prozess. Die Reduktion der Datenflut kann nur durch praktische Testung und Befragung der Anwender insbesondere im niedergelassenen Bereich erfolgen. Am schwierigsten und zeitlich verzögert umsetzbar ist eine Veränderung der Hardware mit Umstellung auf leichtere und transportfähigere Abfragegeräte. Hierzu muss ebenfalls eine Umstellung des Produktionsablaufes erfolgen.

6 Schlussfolgerung

6.1 Zusammenfassung

Das Ziel dieser Studie besteht darin, auf Grundlage von Erkenntnissen über die strategische Beschaffung der einzelnen Kundengruppen ein strategisches Lösungskonzept für die Unternehmen der Medizintechnikindustrie zu entwickeln. Dazu wurden im ersten Schritt die einschlägigen Begriffe, die zum einen im Zusammenhang mit der Durchführung von Beschaffungsaufgaben in Verbindung stehen und zum anderen die des strategischen Managements erläutert, um schließlich die Definition des strategischen Beschaffungsmanagements herzuleiten. Im nächsten Schritt wurden die Besonderheiten und beschaffungsspezifischen Anforderungen des Gesundheits- und Krankenhausmarktes dargestellt. Hierbei zeigt sich, bedingt durch den demografischen Wandel der Bevölkerung und die verstärkte Nachfrage an Gesundheitsleistungen, dass für die Akteure des Gesundheits- und Krankenhauswesens sowohl innovative und qualitativ hochwertige, als auch kostengünstige Produkte im Vordergrund stehen. Ein weiterer wesentlicher Aspekt des Krankenhaussektors ist die DRG-basierte Finanzierungsform. Bei ihr handelt es sich um ein Entgeltsystem, welches auf diagnosebezogenen Fallgruppen basiert. Durch dieses neue System sollte eine qualitativ hochwertigere, zweckmäßigere und wirtschaftlichere Gesundheitsversorgung erreicht werden. Gerade im Krankenhaussektor war man bestrebt den Finanzmitteleinsatz und die Qualität effizienter und sicherer zu gestalten. Mit Hilfe einer empirischen Befragung der einzelnen Kundengruppen sollten diese Ziele und eventuelle Auswirkungen der DRG-Einführung auf die Organisation und das Kaufverhalten untersucht werden. Dabei konnte festgestellt werden, dass es erhebliche Unterschiede zwischen den einzelnen Krankenhausträgern gibt. Aufgrund des steigenden Kostendruckes der Kliniken geht der Trend zur Privatisierung. Diese ermöglicht eine Verbesserung der Flexibilität und eine effektivere Organisation. Dies hat sowohl Vorteile, bspw. bei der Reduzierung von Verweildauer und Kosten, als auch Nachteile in Bezug auf die Arbeitsbedingungen und die Versorgungsqualität. Des Weiteren wurde festgestellt, dass bestimmte Behandlungsleistungen in den Krankenhäusern verstärkt angewandt werden, da die Vergütung höher ist. Dies spiegelt sich auch bei genauerer Betrachtung im Einkaufsverhalten wieder. Zum einen die privat geführten Kliniken, deren Fokus überwiegend auf der Gewinnoptimierung liegt und zum anderen die freigemeinnützigen Einrichtungen, welche ein Stück weit flexibler in der Beschaffung von Medizinprodukten sind. Einzig die öffentlichen Krankenhäuser legen aufgrund ihres Lehr- und Forschungsauftrags einen Wert auf kostenintensivere Produktinnovationen. Auf Basis erster Erkenntnisse aus den durchgeführten Interviews und nach Darstellung wesentlicher theoretischer

Grundlagen, beinhaltete der zweite Teil der Befragung, welcher zugleich auch das Hauptkapitel dieser Studie ist, die Anwendung einer Nutzwertanalyse. Anhand dieser Bewertungsmethode folgte die Darstellung der für die Anwender und Käufer kaufentscheidendsten Kriterien. Mit der Auswertung der einzelnen Kriterienkataloge der Kundengruppen konnten die zuvor im ersten Befragungsteil festgestellten Erkenntnisse bestätigt werden. Denn auch hier zeigt sich, dass es durchaus unterschiedliche Bedeutungsrelationen bei den entsprechenden Kriterien gibt. Grundlegend konnten die Erwartungen jeder Trägerschaft in den Ergebnissen der Nutzwertanalyse bestätigt werden. Zum einen die der öffentlichen Einrichtungen, welche stark fokussiert auf den Innovationsfaktor und die gemeinsame Zusammenarbeit im Bereich der Forschung sind. Zum anderen die der freigemeinnützigen, bei denen ein optimierter Produktmix im Vordergrund steht und schlussendlich bei den privaten, welche auf den Kostenfaktor bedacht sind. Bei den zuweisenden Ärzten zeigte sich, dass hier vor allem der Nachsorgebereich speziell die Telemedizin an Bedeutung gewinnt. Nach der gruppenspezifischen Vergleichsanalyse, wurden die Ergebnisse unter Berücksichtigung der Feststellungen aus den vorherigen Kapiteln zusammengefasst und auf das Lösungskonzept extrahiert.

Aufgrund der empirischen Befragung gelingt es, das erarbeitete strategische Lösungskonzept von theoriebasierten Ansätzen abzugrenzen und auf aktuelle Marktgegebenheiten anzuwenden. Durch Einbeziehung der befragten Kundengruppen wird für das strategische Beschaffungsmanagement ein Zusammenhang zwischen den theoriebasierten Argumentationen und den praktischen Erfahrungen hergestellt. Des Weiteren gelingt es, die Kunden aktiv in die Erarbeitung des Lösungskonzepts zu integrieren. In Anbetracht dessen, dass sich die DRG-Einführung unterschiedlich auf die jeweilige Kundengruppe ausgewirkt hat, erfolgt eine differenzierte Darstellung der Lösungsansätze, welche die Beschaffungsmöglichkeiten der Einzelnen berücksichtigt. Eine klare Abgrenzung zwischen den verschiedenen Kundengruppen ermöglicht es zudem, dass die Unternehmen der Medizintechnikindustrie individuell auf die einzelnen Bedürfnisse und Wünsche der Einkäufer und Anwender eingehen können.

6.2 Ausblick

Der nun abschließende Ausblick greift ausgewählte Trends des Krankenhaussektors auf und gibt nochmals Ansatzpunkte für die Medizintechnikindustrie. In den einleitenden Formulierungen wurde über den Trend des Krankenhausrückgangs gesprochen. Demnach wurde damit gerechnet, dass sich die Zahl der Krankenhäuser bis 2015 um ein Viertel reduzieren wird. Laut den vorliegenden Daten und Erkenntnissen dieser Studie kann gesagt werden, dass sich die Reduzierung des Krankenhausmarktes weitgehend konstant eingependelt hat. Auf Basis der aktuellen Entwicklungszahlen vom 01. März 2012, die Zahl der Krankenhäuser hat sich von 2003 bis 2010 um 133 verringert, lässt sich schließen, dass mit einem plötzlichen sprunghaft ‚Krankenhaussterben' um weitere ca. 416 Krankenhäuser bis 2015 nicht zu rechnen ist. Dies begründet sich einerseits dadurch, dass die einzelnen Krankenhausträger sich den Bedingungen des Marktes weitestgehend angepasst oder ihre Vorteile daraus gezogen haben, anderseits ist durch den stetigen Kostenzuwachs der Trend hin zu strategischen Allianzen wie bspw. Einkaufsgemeinschaften zu erkennen. Für die Kliniken die sich bisher noch keiner Allianz angeschlossen haben und dennoch eine wettbewerbsfähige Kostenstruktur anstreben, wird in Zukunft vermehrt der Fokus auf eine Beschaffungskooperation mit einem oder mehreren Herstellern stehen. Hierbei werden besonders Kompaktlösungen, wie bspw. individuelle Finanzierungskonzepte, Workflow-Analysen oder Prozessoptimierungen zwischen Krankenhaus und Hersteller in Betracht gezogen. Gerade mit diesen Aspekten kann sich ein Hersteller in Bezug auf den Prozess der Lieferantenauswahl bei einem laufenden Vergabeverfahren einer Klinik nachhaltig einen Vorteil gegenüber anderen Wettbewerbern sichern.

Ein weiterer, sich Anfang des Jahres durch eine neue Gesetzgebung, verstärkenden Trend wird die Synergiebildung zwischen Krankenhaus und niedergelassenem Arzt sein. Somit werden Krankenhausleistungen, welche durch den niedergelassen Facharzt ausgeführt werden können immer mehr in den ambulanten Sektor übergehen. Gerade hier ist es von essentieller Bedeutung, dass ein Hersteller mit Hilfe seines Außendienstmitarbeiters vor Ort präsent ist, um somit mit dem Krankenhaus und dem vom Krankenhaus beauftragten Arzt eine Partnerschaft aufzubauen. Hierbei bietet besonders ein verbessertes ‚Networking' mit dem niedergelassen Arzt eine erfolgsorientierte Lösung.

In Anbetracht der genannten Trends, der Ergebnisse aus den Interviews und der Nutzwertanalyse, fasst folgendes abschließendes Zitat des ehemaligen Siemens Vorstandsvorsitzenden Klaus Kleinfeld die Kernaussage dieser Studie am besten zusammen.

„Schneller die Zukunft sehen, schneller Patente anmelden, schneller auf Kundenwünsche eingehen."

Quellenverzeichnis

Literatur

Bartholomeyczik, S., et al. (2008): Arbeitsbedingungen im Krankenhaus. Bundesanstalt für Arbeitsschutz und Arbeitsmedizin (Hrsg.). Projekt F 2032. Dortmund, Berlin, Dresden, 2008, 1-5

Bracht, M. (Hrsg.) (2006): Ärztliches Management im Krankenhaus – Anforderungen und Realisierung unter veränderten Rahmenbedingungen –. Ludwig-Maximilians-Universität zu München, Medizinische Fakultät. München, 2006, 1-24

Braun, B., et al. (2009): Einfluss der DRGs auf Arbeitsbedingungen und Versorgungsqualität. In: Rau, F., Roeder, N., Hensen, P. (Hrsg.). Auswirkungen der DRG-Einführung in Deutschland – Standortbestimmung und Perspektiven. Stuttgart, 61-72

Bundesministerium für Bildung und Forschung (Hrsg.) (2005): Studie zur Situation der Medizintechnik in Deutschland im internationalen Vergleich. Bonn, Berlin, 2005 4-5

Bundesverband Medizintechnologie (BVMed) (Hrsg.) (2011): Marktzugang und Überwachung von Medizinprodukten - Branchenbericht Medizintechnologien 2012. Berlin, 2012, 11-14

Busse, R., Schreyögg, J. (2010): Management im Gesundheitswesen – eine Einführung in Gebiet und Buch. In: Busse, R. Schreyögg, J., Tiemann, O. (Hrsg.). Management im Gesundheitswesen. Berlin, Heidelberg, 2. Auflage, 1-3

Da-Cruz, P. (2010): Strategisches Beschaffungsmanagement in Dienstleistungsunternehmen. Bayreuth, 22-145

Drees, C. (Hrsg.) (2003): Beschaffungsmanagement im Krankenhaus. Deutsches Forum für Krankenhaus-Management. Wiesbaden, 2003, 8-9

Fleßa, S. (2007): Grundzüge der Krankenhausbetriebslehre. München, 24-156

Gesetz über Krankenhäuser, Vorsorge- oder Rehabilitationseinrichtungen (§ 107 Abs. 1 und 2). In: Sozialgesetzbuch, Fünftes Buch – SGB V. 2009,37. Auflage

Gesetz über zugelassene Krankenhäuser (§108). In: Sozialgesetzbuch, Fünftes Buch – SGB V. 2009, 37. Auflage

Hadamitzky, A. (2010): Der deutsche Krankenhausmarkt – Eine Analyse auf Basis des Konzepts zur Koordinationsmängeldiagnose. Wiesbaden, 39-79

Hanusch, H. (1994): Nutzen-Kosten-Analyse. München, 2. Auflage, 173-175

Körber, C. (Hrsg.) (Wintersemester 2004 / 2005): Strategische Grundlagen des Beschaffungsmanagements. Fachhochschule Konstanz im Fachbereich Wirtschafts- und Sozialwissenschaften. Wintersemester 2004 / 2005, 4-6

Large, R. (2009): Strategisches Beschaffungsmanagement – Eine praxisorientierte Einführung Mit Fallstudien. Wiesbaden, 4. Auflage, 1-53

Leewe, J. (2008): Strategische Planung in der Medizintechnik. In: Wintermantel, E., Ha, S.-W. (Hrsg.). Medizintechnik Life Science Engineering. Berlin, Heidelberg, 4. Auflage, 1639-1645

Litke, H-D. (2007): Projektmanagement – Methoden, Techniken, Verhaltensweisen. München, 5. Auflage, 138-141

Neubauer, G., et al. (2010): Finanzmanagement in Krankenhäusern. In: Busse, R. Schreyögg, J., Tiemann, O. (Hrsg.). Management im Gesundheitswesen. Berlin, Heidelberg, 2. Auflage, 235-243

Pflügel, R. (Hrsg.) (2008): Strategien für zukünftige Anforderungen im Gesundheitswesen - Qualifizierung für das Management in der Gesundheitswirtschaft. Hochschule Neubrandenburg im Fachbereich Gesundheit, Pflege, Management. Neubrandenburg, 2008, 94-95

Pinger, S. (2001): Repetitorium der Kardiologie. Landsberg, 2. Auflage, 317-320

Rau, F., et al. (2009): Zum Stand der deutschen DRG-Einführung: Erkenntnisse, Erfahrungen und Meinungen. In: Rau, F., Roeder, N., Hensen, P. (Hrsg.). Auswirkungen der DRG-Einführung in Deutschland – Standortbestimmung und Perspektiven. Stuttgart, 9-16

Schlüchtermann, J. (2011): Wertschöpfungsorientierte Beschaffung. In: f&w Magazin Nr.3 Mai-Juni 2011. Melsungen, S.290-292

Schumacher, N. et al. (2010): Best Practice in der Beschaffung im Krankenhaus. In: Deutsches Krankenhausinstitut (DKI), A.T. Kearney Management Consultants (Hrsg.). Düsseldorf, 2010, 19-20

Schumann, H. (Hrsg.) (2010): Die Kostenentwicklung im Deutschen Gesundheitswesen. Hochschule Magdeburg- Stendal im Fachbereich Sozial- und Gesundheitswesen. Magdeburg, Stendal, 2010, 3-6

Spindler, J. Bölt, U. (2009): Die Einführung des DRG-Entgeltsystems im Spiegel der Krankenhausstatistik. In: Rau, F., Roeder, N., Hensen, P. (Hrsg.) Auswirkungen der DRG-Einführung in Deutschland – Standortbestimmung und Perspektiven. Stuttgart, 43-46

Statistisches Bundesamt (Destatis) (Hrsg.) (2012): Gesundheit - Grunddaten der Krankenhäuser 2010. Fachserie 12 Reihe 6.1.1, Wiesbaden, 8-20

Tiemann, O., et al. (2010): Leistungsmanagement in Krankenhäusern. In: Busse, R. Schreyögg, J., Tiemann, O. (Hrsg.) Management im Gesundheitswesen. Berlin, Heidelberg, 2. Auflage, 47-50

Vahs, D., Schäfer-Kunz, J. (2007): Einführung in die Betriebswirtschaftslehre. Stuttgart, 5. Auflage, 224-470

Vera, A. (2010): Krankenhausmanagement in einem wettbewerbsorientierten Umfeld. Lohmar, Köln, 129-164

Internet

Amtsblatt der europäischen Union (21.09.2007): Richtlinie 2007/47/EG des europäischen Parlaments und des Rates.
http://eur-lex.europa.eu/LexUriServ/LexUriServ.do?uri=OJ:L:2007:247:0021:0055:de:PDF
(16.04.2012)

Axel Springer AG 2012 (20.06.2010): Investitionsstau in Kliniken – Patienten leiden.
http://www.welt.de/wirtschaft/article8118147/Investitionsstau-in-Kliniken-Patienten-leiden.html (12.03.2012)

Bertelsmann Stiftung (26.10.2011): Zahl der über 80-Jährigen wird bis 2030 stark zunehmen - Bevölkerungsprognose mit Daten und Fakten für rund 3.200 Kommunen.

http://www.bertelsmann-stiftung.de/cps/rde/xchg/SID-1FEC1DDE-E1062C43/bst/hs.xsl/nachrichten_110137.htm (15.03.2012)

Bundesministerium für Justiz (29.02.2012): §2 KHG. http://www.gesetze-im-internet.de/khg/__2.html (29.02.2012)

Bundesministerium für Justiz (05.03.2012): §21 KHEntG. http://www.gesetze-im-internet.de/khentgg/__21.html (05.03.2012)

Deutsches Ärzteblatt, Ärzte-Verlag GmbH (Dez. 2011): GKV-Versorgungsstrukturgesetz: Einladung zu mehr Flexibilität. http://www.aerzteblatt.de/archiv/117025 (29.02.2012)

Deutsches Ärzteblatt, Ärzte-Verlag GmbH (30.03.2012): Klinikdirektoren in Marburg und Gießen: Ende der Privatisierung prüfen. http://www.aerzteblatt.de/nachrichten/49710 (05.04.2012)

Gemeinsamer Bundesausschuss (06.03.2012): Ambulante spezialfachärztliche Versorgung nach § 116b SGB V. http://www.g-ba.de/institution/themenschwerpunkte/116b/ (10.03.2012)

GKV-Spitzenverband (12.04.2012): Alle gesetzlichen Krankenkassen. http://www.gkv-spitzenverband.de/ITSGKrankenkassenListe.gkvnet (12.04.2012)

Intermoves GmbH (15.04.2012): Markt- und Leistungsvergleich WeTab und iPad. http://winfwiki.wi-fom.de/index.php/Markt-_und_Leistungsvergleich_WeTab_und_iPad (15.04.2012)

ILTIS GmbH (14.02.2012): Strategisches Management. http://www.4managers.de/management/themen/strategisches-management/ (14.02.2012)

Klinikum der Universität München (05.03.2012): Berechnung DRG. http://www.klinikum.uni-muenchen.de/download/de/Klinikaufenthalt/Preisliste_2012-0101.pdf (05.03.2012)

Sozialgesetzbuch – Fünftes Buch (10.03.2012): § 115a. http://www.sozialgesetzbuch-sgb.de/sgbv/115a.html (10.03.2012)

Sozialgesetzbuch – Fünftes Buch (10.03.2012): § 115b. http://www.sozialgesetzbuch-sgb.de/sgbv/115b.html (10.03.2012)

Sozialgesetzbuch – Fünftes Buch (10.03.2012): § 116b. http://www.sozialgesetzbuch-sgb.de/sgbv/116b.html (10.03.2012)

Springer Gabler | Springer Fachmedien Wiesbaden GmbH (14.02.2012): Strategisches Management. http://wirtschaftslexikon.gabler.de/Definition/strategisches-management.html (14.02.2012)

Springer Gabler | Springer Fachmedien Wiesbaden GmbH (14.04.2012): Marke. http://wirtschaftslexikon.gabler.de/Definition/marke.html (14.04.2012)

Springer Gabler | Springer Fachmedien Wiesbaden GmbH (14.04.2012):Partnerschaft. http://wirtschaftslexikon.gabler.de/Definition/partnerschaft.html (14.04.2012)

Springer Gabler | Springer Fachmedien Wiesbaden GmbH (10.04.2012):Benchmarking. http://wirtschaftslexikon.gabler.de/Definition/benchmarking.html (10.04.2012)

Statistisches Bundesamt (Destatis) – Gesundheitsberichterstattung des Bundes (05.04.2012): Kosten der Krankenhäuser absolut in 1.000 Euro und je Einwohner in Euro. https://www.gbe-bund.de/oowa921-install/servlet/oowa/aw92/dboowasys921.xwdevkit/xwd_init?gbe.isgbetol/xs_start_neu/&p_aid=3&p_aid=74876815&nummer=820&p_sprache=D&p_indsp=-&p_aid=29218622 (05.04.2012)

Statistisches Bundesamt (Destatis) – Gesundheitsberichterstattung des Bundes (05.04.2012): Gesundheitsausgaben in Deutschland in Mio. €. https://www.gbe-bund.de/oowa921-install/servlet/oowa/aw92/dboowasys921.xwdevkit/xwd_init?gbe.isgbetol/xs_start_neu/&p_aid=3&p_aid=17842400&nummer=322&p_sprache=D&p_indsp=-&p_aid=70945749 (05.04.2012)

Statistisches Bundesamt (Destatis) (08.04.2012): Gesundheitsausgaben 2010 auf rund 287 Milliarden Euro gestiegen. https://www.destatis.de/DE/PresseService/Presse/Pressemitteilungen/2012/04/PD12_125_23611.html (08.04.2012)

Wirtschaftslexikon24 (01.04.2012): Medizintechnik. http://www.wirtschaftslexikon24.net/d/medizintechnik/medizintechnik.htm (01.04.2012)

Wirtschaftslexikon24 (13.02.2012): Beschaffung. http://www.wirtschaftslexikon24.net/d/beschaffung/beschaffung.htm (13.02.2012)

Wirtschaftslexikon24 (14.02.2012): Management.
http://www.wirtschaftslexikon24.net/d/management/management.htm (14.02.2012)

Wirtschaftslexikon24 (15.03.2012): GKV-Gesundheitsreform 2000.
http://www.wirtschaftslexikon24.net/d/gkv-gesundheitsreform-2000/gkv-gesundheitsreform-2000.htm (15.03.2012)

Wirtschaftslexikon24 (15.03.2012): GKV-Modernisierungsgesetz.
http://www.wirtschaftslexikon24.net/d/gkv-modernisierungsgesetz/gkv-modernisierungsgesetz.htm (15.03.2012)

Wirtschaftslexikon24 (28.03.2012): Substitutionalität.
http://www.wirtschaftslexikon24.net/d/substitutionalitaet/substitutionalitaet.htm (28.03.2012)

Anhang 1: Ergebnis Nutzwertanalyse - öffentliche Krankenhausträgerschaft

Gruppe: öffentliche Trägerschaft					
	Betrachtungszeitpunkt				
Hersteller	Heute	in bis zu 5 Jahren	Gewichtung (%)	Ergebnis Heute	Ergebnis in bis zu 5 Jahren
Marke	(1-10)	(1-10)	15%	1,1	1,1
Markengröße	7	7	5%	0,4	0,4
Bekanntheitsgrad	7	7	5%	0,4	0,4
Beständigkeit	8	8	5%	0,4	0,4
Partnerschaft			55%	4,4	5,0
Risikomanagement (finanziell)	8	10	10%	0,8	1,0
Prozessoptimierung	8	8	15%	1,2	1,2
Benchmark (Kosten-Nutzen)	10	10	15%	1,5	1,5
Verbesserte Marktposition	5	7	5%	0,3	0,4
Entwicklungs- und Forschungskooperation	6	9	10%	0,6	0,9
Leistungen			30%	2,5	2,7
Service/support	10	10	5%	0,5	0,5
Kundenbetreuung	8	8	15%	1,2	1,2
Innovative Entwicklung	8	10	10%	0,8	1,0
Ergebnis (Hersteller)			100%	8,0	8,8
Produkt					
Hardware			58%	3,8	5,2
Anpassbarkeit	4	8	15%	0,6	1,2
Techn. Fortschritt	8	10	15%	1,2	1,5
Portfolio	5	9	3%	0,1	0,2
CE-Zertifizierung	10	10	15%	1,5	1,5
Klinische Studien	4	8	10%	0,4	0,8
Software			15%	0,9	1,3
Nachsorge	6	9	10%	0,6	0,9
Telemedizin	5	8	5%	0,3	0,4
Kosten			20%	1,3	1,7
Niedrige Kosten	8	10	10%	0,8	1,0
Mittelfristige Kosten	5	9	5%	0,3	0,5
Bereitschaft zu Mehrkosten	5	5	5%	0,3	0,3
Sonstiges			8%	0,5	0,7
Einfaches Handling	6	8	5%	0,3	0,4
Schulungsangebot	7	10	3%	0,2	0,3
Ergebnis (Produkt)			100%	6,5	8,9

Bewertungskala: Bedeutung des Kriteriums

unwichtig (1)
gering (2-3)
eher gering (4-5)
mittel (6-7)
groß (8-9)
sehr groß (10)

rot markiert: trifft nicht zu / keine Relevanz

Anhang 2: Ergebnis Nutzwertanalyse - private Krankenhausträgerschaft

Hersteller	Betrachtungszeitpunkt Heute (1-10)	Betrachtungszeitpunkt in bis zu 5 Jahren (1-10)	Gewichtung (%)	Ergebnis Heute	Ergebnis in bis zu 5 Jahren
Gruppe: private Trägerschaft					
Marke			25%	1,5	1,5
Markengröße	4	4	5%	0,2	0,2
Bekanntsheitsgrad	5	5	5%	0,3	0,3
Beständigkeit	7	7	15%	1,1	1,1
Partnerschaft			40%	2,9	3,0
Risikomanagement (finanziell)	8	8	10%	0,8	0,8
Prozessoptimierung	8	8	5%	0,4	0,4
Benchmark (Kosten-Nutzen)	8	8	10%	0,8	0,8
Verbesserte Marktposition	6	6	10%	0,6	0,6
Entwicklungs- und Forschungskooperation	5	7	5%	0,3	0,4
Leistungen			35%	3,2	3,2
Service/support	10	10	20%	2,0	2,0
Kundenbetreuung	8	8	10%	0,8	0,8
Innovative Entwicklung	7	7	5%	0,4	0,4
Ergebnis (Hersteller)			100%	7,5	7,6
Produkt					
Hardware			35%	2,9	2,8
Anpassbarkeit	8	8	10%	0,8	0,8
Techn. Fortschritt	7	7	10%	0,7	0,7
Portfolio	8	8	5%	0,4	0,4
CE-Zertifizierung	10	10	5%	0,5	0,5
Klinische Studien	9	7	5%	0,5	0,4
Software			20%	1,4	1,7
Nachsorge	7	7	10%	0,7	0,7
Telemedizin	7	10	10%	0,7	1,0
Kosten			30%	2,6	2,6
Niedrige Kosten	10	10	20%	2,0	2,0
Mittelfristige Kosten	6	6	5%	0,3	0,3
Bereitschaft zu Mehrkosten	5	7	5%	0,3	0,3
Sonstiges			15%	1,2	1,1
Einfaches Handling	8	6	10%	0,8	0,6
Schulungsangebot	8	9	5%	0,4	0,5
Ergebnis (Produkt)			100%	8,0	8,1

Bewertungskala: Bedeutung des Kriteriums

unwichtig (1)
gering (2-3)
eher gering (4-5)
mittel (6-7)
groß (8-9)
sehr groß (10)

rot markiert: trifft nicht zu / keine Relevanz

Anhang 3: Ergebnis Nutzwertanalyse - freigemeinnützige Krankenhausträgerschaft

Gruppe: freigemeinnützige Trägerschaft

Hersteller	Betrachtungszeitpunkt Heute	in bis zu 5 Jahren	Gewichtung (%)	Ergebnis Heute	Ergebnis in bis zu 5 Jahren
Marke	(1-10)	(1-10)	35%	3,0	2,9
Markengröße	6	6	10%	0,6	0,6
Bekanntsheitsgrad	7	5	5%	0,4	0,3
Beständigkeit	10	10	20%	2,0	2,0
Partnerschaft			30%	2,6	2,6
Risikomanagement (finanziell)	9	9	6%	0,5	0,5
Prozessoptimierung	10	10	6%	0,6	0,6
Benchmark (Kosten-Nutzen)	8	8	6%	0,5	0,5
Verbesserte Marktposition	9	9	6%	0,5	0,5
Entwicklungs- und Forschungskooperation	7	7	6%	0,4	0,4
Leistungen			35%	3,5	3,5
Service/support	10	10	15%	1,5	1,5
Kundenbetreuung	10	10	15%	1,5	1,5
Innovative Entwicklung	9	9	5%	0,5	0,5
Ergebnis (Hersteller)			100%	9,0	8,9
Produkt					
Hardware			30%	2,4	2,4
Anpassbarkeit	8	9	10%	0,8	0,9
Techn. Fortschritt	8	8	5%	0,4	0,4
Portfolio	7	5	5%	0,4	0,3
CE-Zertifizierung	9	9	5%	0,5	0,5
Klinische Studien	8	8	5%	0,4	0,4
Software			20%	1,6	1,8
Nachsorge	9	9	10%	0,9	0,9
Telemedizin	7	9	10%	0,7	0,9
Kosten			30%	2,4	2,4
Niedrige Kosten	7	7	10%	0,7	0,7
Mittelfristige Kosten	9	9	15%	1,4	1,4
Bereitschaft zu Mehrkosten	6	6	5%	0,3	0,3
Sonstiges			20%	1,7	1,7
Einfaches Handling	9	9	15%	1,4	1,4
Schulungsangebot	7	7	5%	0,4	0,4
Ergebnis (Produkt)			100%	8,1	8,3

Bewertungskala: Bedeutung des Kriteriums

unwichtig (1)
gering (2-3)   rot markiert: trifft nicht zu / keine Relevanz
eher gering (4-5)
mittel (6-7)
groß (8-9)
sehr groß (10)

Anhang 4: Ergebnis Nutzwertanalyse - implantierende zuweisende Ärzte

Gruppe: impl. Zuweiser (Gesamt)

Hersteller	Betrachtungszeitpunkt		Durchschnitt (Gewichtung)	Ergebnis Heute	Ergebnis in bis zu 5 Jahren
	Durchschnitt (Heute)	Durchschnitt (in bis zu 5 J.)			
Marke	(1-10)	(1-10)	28%	2,1	2,2
Markengröße	7	8	12%	0,8	0,9
Bekanntsheitsgrad	7	7	8%	0,6	0,6
Beständigkeit	8	8	8%	0,7	0,7
Partnerschaft			38%	2,7	3,0
Risikomanagement (finanziell)			0%	0,0	0,0
Prozessoptimierung	8	9	11%	0,9	1,0
Benchmark (Kosten-Nutzen)	8	9	7%	0,5	0,6
Verbesserte Marktposition	7	8	10%	0,7	0,8
Entwicklungs- und Forschungskooperation	6	6	10%	0,6	0,6
Leistungen			34%	3,2	3,2
Service/support	10	10	14%	1,4	1,4
Kundenbetreuung	10	10	11%	1,1	1,1
Innovative Entwicklung	8	8	9%	0,7	0,7
Ergebnis (Hersteller)			100%	8,0	8,4
Produkt					
Hardware			41%	3,0	3,1
Anpassbarkeit	7	8	13%	0,9	1,1
Techn. Fortschritt	8	8	20%	1,6	1,6
Portfolio	6	6	4%	0,2	0,2
CE-Zertifizierung	8	8	2%	0,1	0,1
klinische Studien	5	5	2%	0,1	0,1
Software			25%	2,0	2,1
Nachsorge	9	9	12%	1,1	1,1
Telemedizin	7	8	13%	0,9	1,1
Kosten			2%	0,3	0,3
Niedrige Kosten	3	3		0,1	0,1
Mittelfristige Kosten	3	3	2%	0,1	0,1
Bereitschaft zu Mehrkosten	3	3		0,1	0,1
Sonstiges			32%	2,2	2,4
Einfaches Handling	7	8	18%	1,2	1,4
Schulungsangebot	7	7	14%	1,0	1,0
Ergebnis (Produkt)			100%	7,5	7,9

Bewertungskala: Bedeutung des Kriteriums

unwichtig (1)
gering (2-3)
eher gering (4-5)
mittel (6-7)
groß (8-9)
sehr groß (10)

rot markiert: trifft nicht zu / keine Relevanz

Anhang 5: Ergebnis Nutzwertanalyse - zuweisende Ärzte

Gruppe: Zuweiser (Gesamt)

Hersteller	Betrachtungszeitpunkt		Durchschnitt (Gewichtung)	Ergebnis Heute	Ergebnis in bis zu 5 Jahren
	Durchschnitt (Heute)	Durchschnitt (in bis zu 5 J.)			
Marke	(1-10)	(1-10)	22%	1,5	1,5
Markengröße	4	4	5%	0,2	0,2
Bekanntsheitsgrad	7	7	7%	0,5	0,5
Beständigkeit	8	8	10%	0,8	0,8
Partnerschaft			36%	1,8	2,0
Risikomanagement (finanziell)	5	6	10%	0,5	0,6
Prozessoptimierung	7	7	8%	0,6	0,6
Benchmark (Kosten-Nutzen)	5	6	6%	0,3	0,4
Verbesserte Marktposition	4	4	6%	0,2	0,2
Entwicklungs- und Forschungskooperation	4	4	6%	0,2	0,2
Leistungen			42%	3,3	3,3
Service/support	8	8	17%	1,4	1,4
Kundenbetreuung	8	8	17%	1,4	1,4
Innovative Entwicklung	6	6	8%	0,5	0,5
Ergebnis (Hersteller)			100%	6,6	6,8
Produkt					
Hardware			28%	1,6	2,0
Anpassbarkeit	6	7	6%	0,4	0,4
Techn. Fortschritt	5	7	6%	0,3	0,4
Portfolio	4	5	5%	0,2	0,3
CE-Zertifizierung	7	8	6%	0,4	0,5
Klinische Studien	6	7	5%	0,3	0,4
Software			26%	1,6	2,0
Nachsorge	8	9	17%	1,4	1,5
Telemedizin	2	5	9%	0,2	0,5
Kosten			23%	5,1	5,3
Niedrige Kosten	6	7	23%	1,4	1,6
Mittelfristige Kosten	9	9		2,1	2,1
Bereitschaft zu Mehrkosten	7	7		1,6	1,6
Sonstiges			23%	1,7	2,0
Einfaches Handling	8	9	13%	1,0	1,2
Schulungsangebot	7	8	10%	0,7	0,8
Ergebnis (Produkt)			100%	10,0	11,3

Bewertungskala: Bedeutung des Kriteriums

unwichtig (1)
gering (2-3)
eher gering (4-5)
mittel (6-7)
groß (8-9)
sehr groß (10)

rot markiert: trifft nicht zu / keine Relevanz

Christine Jende

Menschenwürdiger Umgang mit Demenzkranken

Diplomica 2013 / 84 Seiten / 39,99 Euro

ISBN 978-3-8428-9379-5
EAN 9783842893795

Warum sollen wir uns mit dem Thema Demenz auseinandersetzen, einer Krankheit bei der jeder hofft, dass sie einen selbst nie betreffen wird? Mit der zunehmenden Lebenserwartung steigt die Zahl alter Menschen in unserer Gesellschaft stetig an. Wir werden zwar immer älter, aber mit großer Wahrscheinlichkeit auch über einen immer längeren Zeitraum pflegebedürftig. Es herrscht Angst vor einem solchen „Tod auf Raten".
Hilflosigkeit, finanziell beschränkte Mittel und Abhängigkeit von Pflegenden führen oft dazu, dass pflegebedürftige Menschen schlecht behandelt werden. Menschenwürdige Pflege sollte selbstverständlich sein und die Würde der Kranken gewahrt werden.

Sarah Lambrecht

Integrierte Versorgung 2.0

Beleuchtung der Integrierten Versorgung in Deutschland nach Beendigung der Anschubfinanzierung

Diplomica 2013 / 140 Seiten / 44,99 Euro

ISBN 978-3-8428-9434-1
EAN 9783842894341

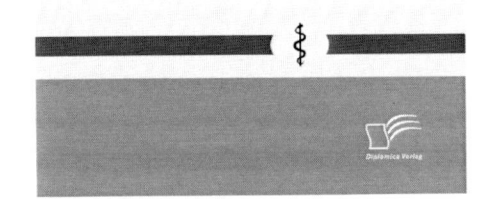

Im Jahr 2000 wird die Integrierte Versorgung in Deutschland eingeführt. Durch neue Vertrags- und Vergütungsformen sollen mit der Integrierten Versorgung die Akteure des Gesundheitswesens zu wettbewerblichen Handeln motiviert werden. Ziel ist es, die Kommunikation und Zusammenarbeit der Sektoren und damit die Patientenversorgung zu optimieren.

Nach anfänglichen Startschwierigkeiten schafft es die Anschubfinanzierung im Jahre 2004 die Integrierte Versorgung in Deutschland für die Akteure attraktiv zu machen. Doch gerade als erste Projekte die anfänglichen Risiken überstanden haben, läuft die Anschubfinanzierung aus; zeitgleich mit der Einführung des Gesundheitsfonds, der eine weitere Herausforderung für die Krankenkassen darstellt.

Dieses Buch beschreibt die historische Entwicklung der Integrierten Versorgung in Deutschland. Dabei werden Parallelen und Unterschiede zum anglo-amerikanischen Managed-Care-Konzept dargestellt sowie anhand der Vorstellung einzelner Großprojekte exemplarisch Chancen und Risiken integrierter Versorgungsprojekte aufgezeigt. Auf Basis institutionenökonomischer Theorien werden die jüngsten Entwicklungen der Integrierten Versorgung in Deutschland beleuchtet. Dabei steht insbesondere zur Diskussion, wie sich die Integrierte Versorgung ohne feste gesetzliche Finanzierungsgrundlage quantitativ wie qualitativ weiterentwickelt hat und welche Entwicklungsperspektiven unter den veränderten Voraussetzungen sinnvoll erscheinen.

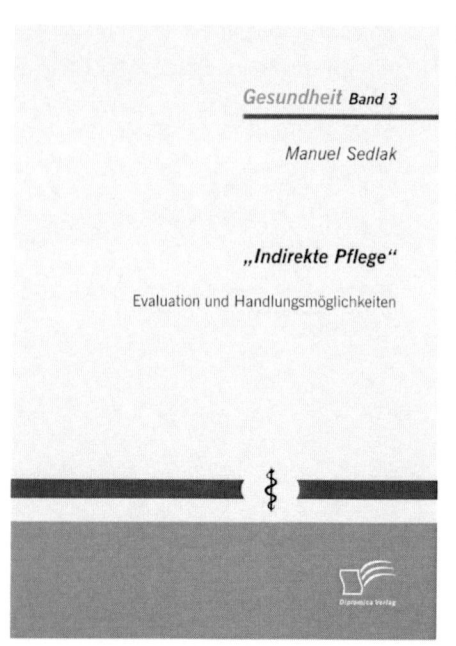

Manuel Sedlak
„Indirekte Pflege"
Evaluation und
Handlungsmöglichkeiten

Diplomica 2013 / 104 Seiten / 39,99 Euro

ISBN 978-3-8428-9473-0
EAN 9783842894730

Viele Mitarbeiter der stationären Altenhilfe beschweren sich zunehmend über den stetig wachsenden Zeitdruck bei ihrer Arbeit. Es sei kaum mehr Zeit für die einzelnen Bewohner vorhanden und die Menschlichkeit bliebe auf der Strecke. Die Dokumentation und die Pflegeplanung werden als große zeitliche Belastung innerhalb des Arbeitsalltags gesehen, wodurch dies von den Mitarbeitern meist als Pflichtaufgabe, nicht aber als nützliches Instrument pflegerischen Handelns wahrgenommen wird.

In diesem Buch wird das Thema „indirekte Pflege" behandelt, ein Begriff, der neben der Dokumentation und Pflegeplanung auch andere, bewohnerferne Tätigkeiten erfasst. Der Autor beschreibt die Inhalte und Gegenstände der „indirekten Pflege" und zeigt den entstehenden zeitlichen und finanziellen Aufwand dieser Tätigkeiten auf.

Abschließend werden die Forschungsergebnisse interpretiert und mögliche Handlungsanweisungen für das Management der stationären Altenhilfe formuliert. Mit deren Hilfe ist es möglich, den zeitlichen Aufwand für indirekte Pflegemaßnahmen zu reduzieren und dadurch den Mitarbeitern Zeit zu ersparen, die anschließend auf andere Bereiche des pflegerischen Arbeitens verteilt werden kann. Dies steigert nicht nur das Wohlbefinden der Bewohner, sondern zugleich die Mitarbeiterzufriedenheit und stellt somit eine große Herausforderung, aber auch Chance für das Management dar.

Gesundheit Band 4

Marcus Boer

Strategisches Beschaffungsmanagement in der Medizinbranche

Ergebnisse und Erkenntnisse anhand einer Fallstudie

Marcus Boer

Strategisches Beschaffungsmanagement in der Medizinbranche

Ergebnisse und Erkenntnisse anhand einer Fallstudie

Diplomica 2013 / 128 Seiten / 44,99 Euro

ISBN 978-3-8428-9484-6
EAN 9783842894846

Das deutsche Gesundheitswesen wurde im Laufe der Zeit durch viele Einflüsse nachhaltig geprägt. Zu den entschiedensten Einschnitten zählt dabei der stetige Anstieg der Gesundheitsausgaben. Um diesem Trend entgegenzuwirken, trat Anfang des neuen Jahrtausends die DRG-basierte Vergütung in Kraft. Dieses System hat den stationären Versorgungsbereich vor neue Herausforderungen gestellt.

Sowohl die Arbeitsinhalte als auch die Arbeitsorganisation der Krankenhäuser hat sich grundlegend verändert. Dagegen hat das strategische Beschaffungsmanagement für die Krankenhäuser an Bedeutung gewonnen. Durch die zunehmende Regulierung der Finanzmittel sind die Krankenhäuser gezwungen, ihre Güter kostendeckend zu beschaffen. Jedoch darf sich dies nicht auf Kosten der Qualität, der medizinischen Versorgung und der Patienten auswirken.

In diesem Buch werden dabei die Gegebenheiten, welche den Gesundheits- und Krankenhausmarkt geprägt haben literarisch und praxisbezogen aufgezeigt. Aufgrund einer empirischen Untersuchung gelingt es, ein strategisches Lösungskonzept zu erarbeiten, welches sich von theoriebasierten Ansätzen abgrenzt und auf aktuelle Marktgegebenheiten anwendbar ist. Durch Einbeziehung von verschiedenen Kundengruppen wird für das strategische Beschaffungsmanagement ein Zusammenhang zwischen den theoriebasierten Argumentationen und den praktischen Erfahrungen hergestellt.